輕鬆考證照

外幣保單
與保險理財

針對壽險公會
「外幣保單考
試」量身訂作

● 新頒法規＋跳脫法規框架＋精編模擬考題 👍
● 活學活用：獨家經驗分享＋重點圖表化＋保險理財個案 👍
● 第一本結合外幣保單考試與保險理財的實用書籍 👍

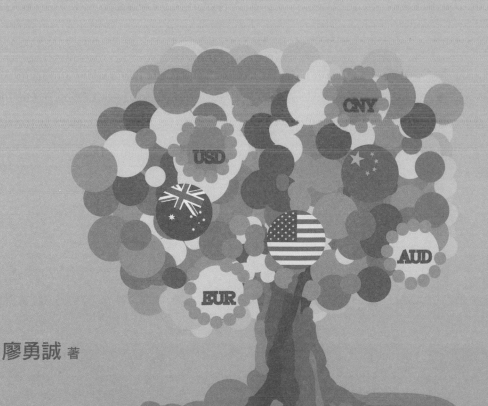

廖勇誠 著

作者序

　　金融保險證照時代早已到來，透過證照取得資格、提升專業與增加競爭力，確實是現今不可抗拒的趨勢。筆者修習保險與從事壽險實務工作前後已達二十年，並於大學講授人身保險及人身風險管理與理財課程。為有系統針對考試歸納與列舉核心重點，本書特別以壽險公會外幣保單業務員考試範圍為主軸，透過系統化編撰與跳脫法條框架模式，協助從業人員或學生學習外幣保單、資金運用與外匯法規相關專業。

　　作者40多歲才報考外幣保單資格測驗，實際參與考試過程發現該考試範圍涉及外匯與保險法規，而且涉及許多規範細節，其實不易準備與背誦，尤其忙碌之餘且記憶力已走下坡，如何才能短期輕鬆高分通過考試？實有賴系統化的量身訂作準備，才能順利通過考試。因此筆者高分通過考試後，特別編撰本書，希望透過傳承經驗，協助從業人員與學生通過考試。

　　此外，本書並非僅止於外幣保單考試概要，本書另透過保險理財案例，與讀者輕鬆分享保險理財，期望通過考試之餘，可以進一步導引讀者活學活用，將所學運用於實務工作上，讓你輕鬆跟客戶或朋友聊保險理財與外幣保

單。

本書範圍廣泛且多元，涉及壽險商品、保險法相關法規、外匯相關法規、國外投資相關法規與保險理財等各層面，作者學識經驗與時間有限，恐有謬誤，尚祈海內外宏達與師長專家前輩指正。

最後，除了感謝爸媽與家人的鼓勵與支持外，特別感謝富邦人壽黃國祥協理、劉炳華協理、蘇俊恒資深協理、陳世岳資深副總、陳士斌執行副總、中國人壽洪祝瑞副總、黃淑芬資深副總、張炯銘資深副總、富邦直效行銷葉文正總經理、前保誠人壽郟慈惠協理、朝陽科技大學陳美菁教授、張永郎教授、僑光科技大學張簡永章教授、台中科技大學林淑惠教授與業界長官同事們長期的關懷與支持！

廖勇誠

於台中鑫富樂文教

2014年1月

Contents

架構圖：
輕鬆考證照 ── 外幣保單與保險理財

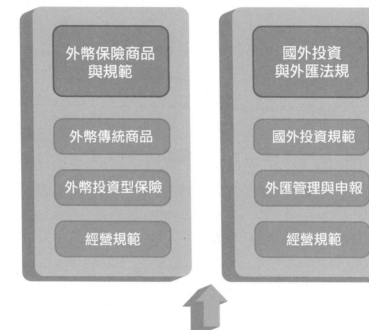

外幣保險商品與規範

外幣傳統商品

外幣投資型保險

經營規範

國外投資與外匯法規

國外投資規範

外匯管理與申報

經營規範

模擬考題與考情分析

保險理財案例與壽險商品概要

第一篇

基 礎 篇

第一章 外幣傳統保單考情分析與壽險商品概要

第一節 外幣傳統保單考試資訊

一、考試資訊摘要

1. 報考資格：高中職畢業，報考前須完成公司內部訓練課程[1]。

2. 測驗報名費：每人250元(102年)。

3. 採團體報名，經由所屬壽險公司初審後，彙總後向壽險公會統一報名(http：//www.lia-roc.org.tw)

4. 考試題型：(單選)選擇題，通常考題50題，每題2分。

5. 測驗方式：採電腦閱卷，以2B鉛筆於答案卡塗寫答案。

6. 考試科目：《人身保險業務員銷售外幣收付非投資型保險商品訓練教材》，70分為合格。

7. 考試頻率：壽險公會每個月皆舉辦本考試。

二、考取效益

1. 未通過外幣保單登錄考試，不得銷售外幣保單，因此對於從事外幣保單招攬的理財專員或業務人員而言，本考試非考不可。

---

[1] 大部分壽險公司要求通過公司內部模擬考試後，才可以參加公會考試。

2. 部分壽險公司對於通過外幣保單考試的職員或業務人員，給予獎金鼓勵，例如：500~1,500元獎金。

3. 許多銀行要求新進職員需通過外幣保單證照或於試用期內通過外幣保單證照；另外部分銀行對於通過外幣保單考試的理財專員或行員，給予考績或晉升加分鼓勵，例如：加0.5分。

4. 透過本考試，可對於外幣保單監理規範、外匯管理與申報規範、商品規範、國外投資規範，更加熟悉，有助於參與投資型保險業務員、人身保險經紀人、人身保險代理人等相關證照考試。

小叮嚀：

以101年為例，壽險公司、經紀人與代理人公司業務員通過外幣保單考試並完成新增登錄之人數約有3.8萬人，平均每月3.2千人，可見外幣保單證照確實是必備證照。

三、考試範圍

考試範圍以法規為主軸，涵蓋範圍廣泛，主要依據壽險公會編印之《人身保險業務員銷售外幣收付非投資型保險商品訓練教材》。經作者觀察，內容包含傳統型保單與投資型保單、資金運用、外匯管理與資格限制等多方面規範，主要考題範圍列舉如下：

1. 人身保險業辦理以外幣收付之非投資型人身保險業務應具備資格條件及注意事項

2. 保險業辦理國外投資管理辦法
3. 保險業辦理外匯業務管理辦法(央行發佈)
4. 管理外匯條例(央行發佈)
5. 外匯收支或交易申報辦法(央行發佈)
6. 投資型保險投資管理辦法
7. 投資型保險專設帳簿保管機構及投資標的應注意事項
8. 保險業資產管理自律規範
9. 其他：人身保險商品審查應注意事項、保險商品銷售前程序作業準則、人身保險商品與法規、保險業監理與資金運用法規。

四、外幣保單應試考試技巧

1. 善用統一歸納法，增加答對機率：
   通常各項文件記錄需保存5年，不論銀行辦理匯兌業務、投資型保險帳戶資料或內控資料皆是5年，歸納後更容易記憶，可避免死背硬記。

2. 留意數值，增加答對機率：
   因為考試題型為選擇題，因此考試題目很多都是與數值有關，特別需要留意，諸如：RBC比率需達250%以上、每週控管一次、每月計算回溯測試等、15日內通知要保人等。

3. 留意關鍵字，增加答對機率：
   選擇題需多留意關鍵字，諸如：即期年金保險、廢止

或撤銷許可外匯業務之一部或全部、央行得駁回其申請、委託保險人全權決定之投資型保險等。

4. 針對限制事項或禁止事項需要特別留意：
   諸如：須符合的資格條件、需要符合之信評等級、禁止投資之項目、執行業務之限制等。

5. 了解法規發佈機構或主管機關，增加答對機率：
   選擇題需多留意主管機關或需由哪一機構核准？例如：外匯相關法規與保險業辦理外匯業務管理辦法之發佈機構為中央銀行，所以保險業辦理外匯業務或外幣保單業務需經中央銀行許可。

6. 留意最新法規：
   考生務必留意法令最新動態，例如：102年5月保險局修訂保險業辦理國外投資管理辦法部分條文，因此修訂處務必特別準備，諸如：放寬投資國外公司債之項目等規定。

7. 自己整理筆記：
   邊記筆記邊背誦，更容易有系統且手到心到眼到的理解與記憶。

8. 其他：
   刪除錯誤答案、刪除不合理答案、刪除對保戶顯失公平答案，可增加答對機率。

第二節　壽險與年金商品概要

一、傳統壽險商品

1. 人壽保險依保險事故，可區分為死亡保險、生死合
   險、生存保險。
2. 人壽保險依契約期間可區分為終身保險與定期保險。
3. 自92年起，壽險業銷售不分紅人壽保險單或分紅保
   單。分紅保單之紅利分配應根據該公司分紅保險單的
   實際經營狀況，以保單計算保險費所採用之預定附加
   費用率、預定利率及預定死亡率為基礎，依保險單之
   分紅公式，計算分配的保險單紅利金額。

表1.1 分紅保單與不分紅保單之特色比較

項目/商品型態	分紅保單	不分紅保單
分紅與否	死差益、利差益、費差益	無
分紅比例	保戶分配比例≧70%	無
保費 (相同保額)	較高	略低
適合族群	期望年年領取 紅利或儲蓄的客戶	希望保費低廉 且保額增高的客戶

二、萬能壽險

　　萬能人壽保險為壽險保障結合繳費彈性與保額彈性調
整，並依宣告利率累積保單價值準備金的人壽保險商品。

萬能人壽保險將保戶所繳保費扣除相關費用後，依據壽險公司宣告利率累積保單價值準備金。宣告利率並非保證，可能上調、下調或維持不變，宣告利率水準與資產區隔帳戶之投資報酬率、市場利率或類似商品之投資報酬率攸關。

歸納來說萬能人壽保險具有依宣告利率累積保單價值準備金、彈性繳費、保額彈性與費用充份揭露等特色。摘要如下：

1. 彈性繳費：繳費金額與額度彈性，並無傳統型壽險的嚴格限制。

2. 保額彈性：投保保額可隨保戶需求彈性調整，並無傳統型壽險的僵化。

3. 依宣告利率累積保單價值準備金：宣告利率並非保證，可能上調、下調或維持不變，宣告利率與資產區隔帳戶之投資報酬率、市場利率或類似商品之投資報酬率攸關。

4. 費用充分揭露：各項費用充份揭露，讓保戶可充分了解費用結構。

保障型態方面，萬能壽險與投資型壽險相似，同樣可區分為二種保障型態(甲型與乙型)，甲型身故給付為兩者取大：Max (保額,保單價值準備金×係數)，乙型身故給付為保險金額加上保單價值準備金。另外萬能壽險也需受最

低危險保額比率(門檻法則)之限制，死亡給付除上保單價值準備金須符合最低比率，**40歲以下為155%、41~70歲130%與71歲以上105%**，需要留意。

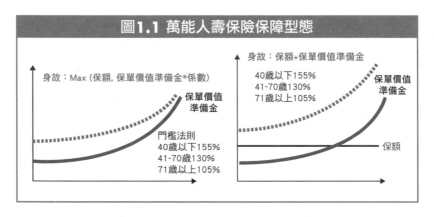

圖1.1 萬能人壽保險保障型態

身故：Max (保額, 保單價值準備金*係數)

保單價值準備金

門檻法則
40歲以下155%
41~70歲130%
71歲以上105%

身故：保額+保單價值準備金
40歲以下155%
41~70歲130%
71歲以上105%

保單價值準備金

保額

三、利率變動型壽險[2]

利率變動型壽險與萬能壽險相似，同樣有壽險保障與宣告利率，但又與傳統壽險相似，需要定期繳費且費用未充分揭露。利率變動型壽險之特色如下：

1. 繳費方式：利率變動型壽險與傳統型壽險相同，必須定期繳納保費，分為年繳、半年繳、季繳、月繳或躉繳等。

2. 保單價值準備金累積：利率變動型壽險與傳統型壽險相同，各年度的保障與保單價值準備金金額投保時就

---

[2] 參廖勇誠 (2013)，輕鬆考證照：人身與財產風險管理概要與考題解析，第二章第二節

已決定，但可透過宣告利率與預定利率的利差值，乘上保單價值準備金的方式，定期額外計算增值回饋分享金或增額繳清保額。

3. 費用揭露：通常利率變動型壽險之各項費用項目，並未逐一明確揭露。

四、投資型人壽保險[3]

　　投資型人壽保險為人壽保險保障結合共同基金等投資標的之人壽保險商品，商品名稱有變額壽險與變額萬能壽險等。投資型壽險以累積單位方式累積保單帳戶價值；保戶繳納的保費扣除附加費用之保費餘額，由壽險公司依照保戶之指定，將資金投入特定標的。未來各期保戶之所繳保費扣除費用後，以基金單位方式累積保單帳戶價值。由於單位淨值不斷漲跌，因此保單帳戶價值每日變動，投資報酬亦隨基金淨值起伏，投資風險也需由保戶自行承擔。投資型人壽保險具有以下特色：

1. 投資風險由保戶承擔：投資型保險商品所產生的收益或虧損，大部分或全部由保戶自行承擔。

2. 彈性繳費：投資型商品的繳費方式彈性，可依據自己的經濟狀況而彈性繳費。

3. 費用透明揭露：各項費用充份揭露，讓保戶可充分了

---

[3] 參廖勇誠 (2013)，輕鬆考證照：人身與財產風險管理概要與考題解析，第二章第二節

解費用明細。

4. 多元化投資標的選擇：通常連結多元化投資標的，要保人可自主選擇投資標的，並可透過定期定額投資或免費基金轉換，定期調整資產配置。

5. 保險金額可依需求調整：彈性配合保戶保障需求調整保險金額。

　　投資型人壽保險之保障型態可區分成二種型態，一種為保險金額與保單帳戶價值二者取大型態，另一種則為保險金額與保單帳戶價值二者相加型態。另外，投資型壽險須符合最低危險保額比率規範或門檻法則，以避免投資型保險之保障成分過低。目前金管會保險局於「投資型人壽保險商品死亡給付對保單帳戶價值之最低比率規範」明訂三個年齡層之最低危險保額比率(Net amount at Risk)，40歲以下為130%，41~70歲為115%及71歲以上為101%。

　　何時需符合最低危險保額比率？依規範，「要保人投保及每次繳交保險費時」，需重新計算各契約應符合之最低危險保額比率。此外，除有最低危險保額比率限制外，壽險公司對於分期繳投資型人壽保險通常訂有保費與保額之倍數限制。例如：16歲男性之保險金額，至少需為年繳化保費之35倍，最高則限制為165倍。

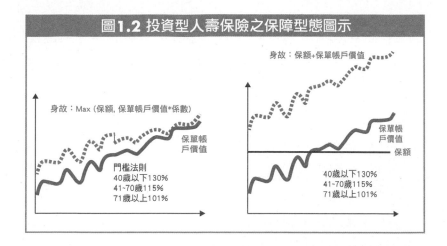

圖1.2 投資型人壽保險之保障型態圖示

表1.2 法令摘錄：投資型人壽保險之身故保障規範摘要

法規摘要
「人身保險商品審查應注意事項」 一四六、投資型保險商品計算說明書中應列示保險金額與所繳保費之關係，並列明所繳保險費之上、下限。
「投資型人壽保險商品死亡給付對保單帳戶價值之最低比率規範」 4.投資型人壽保險死亡給付對保單帳戶價值之比率，應於要保人投保及每次繳交保險費時符合下列規定： (1)被保險人滿十五足歲且到達年齡在四十歲以下者，其比率不得低於百分之一百三十。 (2)被保險人之到達年齡在四十一歲以上、七十歲以下者，其比率不得低於百分之一百十五。 (3)被保險人之到達年齡在七十一歲以上者，其比率不得低於百分之一百零一。 5.前條比率，於要保人投保及每次繳交保險費時重新計算各契約應符合之最低比率

五、個人年金保險

　　保險法第135條－1規定：「年金保險人於被保險人生存期間或特定期間內，依照契約負一次或分期給付一定金額之責。」可知年金保險的定義，應以生存與否的保險事

故，作為年金給付與否的標準，年金保險可說是透過保險契約的方式提供客戶生存期間年金給付的商品。[4]

1. 年金保險依繳納保費方式分類

年金保險依照繳納保費方式分類，可分為躉繳保費與分期繳費年金保險。[5] 躉繳保費只繳納一次保費；分期繳保費需要定期繳納保費。目前許多銀行銷售的年金保險都以躉繳為主，投保躉繳年金保險通常保費的門檻比較高，諸如：10萬~50萬台幣。通常傳統型即期年金保險均為躉繳；利率變動型年金保險也絕大部分為躉繳；變額年金保險則有躉繳與分期繳結合彈性繳費的商品型態。

繳費方法還可採取彈性繳費，彈性繳費即為不定期不定額繳費，保戶可隨預算多寡彈性繳費，可以多次繳納、也可以只繳納一次，保費繳納金額不固定，可高可低，充滿彈性。彈性繳費的另一特色為保費繳納金額或繳納時點通常不影響契約效力，明顯與傳統型壽險商品不同。舉例來說，許多壽險公司銷售的分期繳變額年金保險商品，保戶繳納目標保費或基本保費外，還可以彈性繳納增額保險費，而且保戶可辦理緩繳或停繳目標保費或基本保費，十分便捷。[6]

---

[4] 廖勇誠 (2012)，個人年金保險商品實務與研究，P.8
[5] 壽險公會 (2012)，外幣保單訓練教材，P.68

2. 年金保險依照年金給付始期分類

年金保險依照年金給付始期分類，可分為即期年金保險與遞延年金保險。

(1)即期年金保險

即期年金保險為躉繳保費年金商品，保戶投保後當年年底或下一期就可以定期領取年金給付，非常適合屆臨退休年齡客戶或已累積足夠退休金的客戶投保。

(2)遞延年金保險

遞延年金保險的契約期間可區分為累積期間(遞延期間)與年金給付期間。保戶繳納保費後，年金保單的保單價值準備金將依據商品預定利率、宣告利率或基金淨值累積保單價值準備金或投資帳戶價值，等到年金化後進入年金給付期間，年金被保險人生存，受益人就可以定期領取終身生存年金給付，可以提供保戶活的愈久，領的越多的退休生活保障。

台灣利率變動型年金保險示範條款，包含二類型利率變動型年金保險示範條款：甲型與乙型。甲型與乙型的主要差異在年金給付開始後，甲型為定額年金給付；乙型則為利率變動型年金給付概念。甲型的利率變動型年金保險在年金給付期，若年金給付

[6] 廖勇誠 (2012)，個人年金保險商品實務與研究，P.9

金額一旦決定，年金給付金額隨即維持固定不變。相較之下，乙型的利率變動型年金保險在年金給付期，首期年金給付金額決定後，第二期以後的年金給付金額將隨第二期以後的宣告利率與預定利率，調整未來各期的年金給付金額。

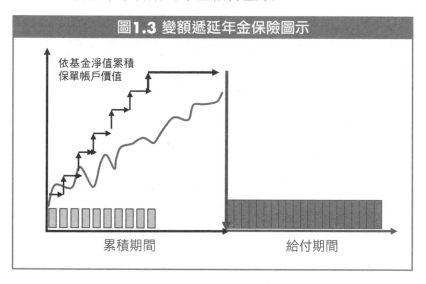

圖1.3 變額遞延年金保險圖示

依基金淨值累積
保單帳戶價值

累積期間　　　　　　　　　　給付期間

3. 年金保險依照商品種類或給付單位為定額或變額分類

年金保險依照商品種類或給付單位為定額或變額分類，可以區分為定額年金與變額年金。若依照台灣年金保險的上市險種與條款進一步分類，可分為傳統型年金保險、利率變動型年金保險與變額年金保險。傳統型年金保險，預定利率維持不變，並由壽險公司承擔長期利率風險。利率變動型年金之宣告利率隨市場

狀況機動調整；變額年金之投資報酬率繫於實際投資績效，保戶必須自行承擔投資風險，三者明顯不同。

相較之下，利率變動型年金保險與變額年金保險屬於新型態的年金保險商品，金融理財功能較強。利率變動型年金商品，其概念類似一年定期存款或定期儲蓄存款加上終身生存年金保險保障。變額年金保險商品，其概念類似共同基金等投資標的加上終身生存年金保險保障。

4.年金保險依照年金給付方式分類

(1)終身生存年金保險(純粹終身生存年金)：被保險人生存才給付年金。

(2)保證期間終身年金保險：保證期間內身故，壽險公司給付未支領年金餘額予受益人，例如：最低保證領取10年、15年或20年的年金給付。

(3)保證金額終身年金保險：若被保險人身故時，累積已領取年金給付金額低於保證金額時，壽險公司仍給付年金受益人保證金額扣除累積已領取年金給付金額之差額，例如：最低保證金額可約定為累積所繳保費加計5%利息。

5. 年金保險依照年金領取人或被保險人人數分類

(1)個人年金保險：年金被保險人只有1人。

(2)連生年金保險(多數受領人年金保險)：年金被保險人有2人或2人以上。

(3)團體年金保險：針對5人以上企業員工或團體成員為被保險人之年金保險。

第三節 外幣保單商品概要

一、外幣傳統保險範例(外幣非投資型保險)

以七年期躉繳利率變動型養老保險商品(美元)為例，可簡單說明主要特色如下：

1. **外幣收付**：保險費以美元繳付，自要保人外幣存款帳戶扣款或匯款。滿期金或利差回饋(增值回饋分享金)也以美元支付予保單受益人。

2. **商品報酬率略高**：加計利差回饋後，以美元計算每年報酬率略高於美元定存利率，年報酬率也略高於台幣定存利率或台幣躉繳保險。

3. **留意匯率風險與匯款費用**：若以台幣兌換為美元後再繳納保費或收到滿期金後將美元的滿期金兌換為台幣，將產生匯兌損益及匯款費用。

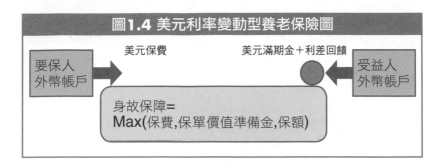

圖1.4 美元利率變動型養老保險圖

美元保費　　　　　　　美元滿期金＋利差回饋

要保人
外幣帳戶

受益人
外幣帳戶

身故保障＝
Max(保費,保單價值準備金,保額)

二、外幣投資型保險商品範例

以躉繳變額年金保險商品(美元)為例，可簡單說明主要特色如下：

1. **外幣收付：** 保險費以美元繳付，自要保人外幣帳戶扣款或匯款，標的贖回、身故或年金給付也以美元支付予保單受益人或要保人。

2. **客戶自選投資標的並承擔投資風險：** 累積期間要保人所繳保費扣除保費費用後，依照要保人選定的投資標的比例投入指定標的。壽險公司並提供免費標的轉換與多元化基金標的選擇；然而要保人選定之投資標的可能產生獲利或損失，其風險由保戶承擔。

3. **身故保障與年金給付：** 累積期間身故，返還保單帳戶價值予受益人；進入年金給付期間後，受益人每年領取年金給付。

4. **留意匯率風險與匯款費用：** 若以台幣兌換為美元後繳納保費或收到保險金後將美元兌換為台幣，將產生匯兌損益與匯款費用。

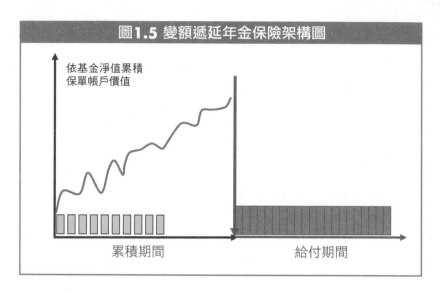

圖1.5 變額遞延年金保險架構圖

依基金淨值累積
保單帳戶價值

累積期間　　　　　　　給付期間

三、外幣投資型保險的連結標的概況

　　外幣投資型保險之連結標的與台幣相近，<u>差異僅在於外幣投資型保險之連結標的僅限外幣標的</u>，不得連結台幣計價標的，摘要列表如下：

表1.3 外幣投資型保險的連結標的概況

標的別	變額年金保險商品連結標的
共同基金	績優基金公司的外幣基金，包含股票型基金、平衡式基金與債券型基金或國內國外各型態的基金標的。
結構型債券	結構型債券(Structure Notes)
全權委託投資帳戶	壽險公司可委託投信公司或投顧公司，代為管理特定全權委託投資帳戶；帳戶可依照風險屬性或投資標的作區分(Target Risk)；也可依照目標滿期日期(Target Maturity)為基準。
ETF股價指數基金	連結國內外股價指數基金ETF。
國外債券	諸如澳洲或美國債券，可以定期配息。
貨幣帳戶	每月依照宣告利率累積帳戶價值，概念上相近於利率變動型年金的帳戶累積方式，可能包含諸如美元、歐元、澳幣或人民幣等貨幣帳戶。

四、以外幣收付之非投資型(傳統型)保險商品型態

1. 外幣分紅壽險
2. 外幣不分紅壽險
3. 外幣利率變動型壽險
4. 外幣萬能壽險
5. 外幣利率變動型年金保險
6. 外幣傳統型年金保險

小叮嚀：

以台幣收付的傳統壽險商品與以外幣收付的傳統壽險商品，有何差異？

1. 匯款費用負擔：外幣保單保戶可能需負擔。
2. 匯率風險承擔：外幣保單保戶需負擔。
3. 保險給付與款項：外幣保單以外幣支付滿期金、生存金、身故保險金、保單貸款、解約金等各項給付或款項。

五、以外幣收付之投資型保險商品型態

1. 外幣投資型人壽保險

   可能為外幣變額壽險或外幣變額萬能壽險，可能連結外幣共同基金、全權委託帳戶、貨幣帳戶、結構型債券與國際債券等各式標的。另外，壽險公司經核准後也可以販售由要保人全權委託壽險公司投資運用之外幣投資型保單，稱為外幣全權委託投資型壽險保單(簡稱全委投資型壽險保單)。

2. 外幣投資型年金保險

投資型年金保險又稱變額年金保險，可能連結外幣共同基金、全權委託帳戶、貨幣帳戶、結構型債券與國際債券等各式標的。另外，壽險公司經核准後也可以販售由要保人全權委託壽險公司投資運用之外幣變額年金保險，稱為外幣全權委託投資型年金保單(簡稱全委投資型年金)。而且經央行核准，外幣投資型遞延年金保險的給付期間除可定期領取外幣年金給付外，也可以給付期間改為領取台幣年金給付喔！

第四節 壽險與年金商品費率基礎與準備金概要[7]

一、費率計算基礎

1. 人壽保險費率的計算基礎

人壽保險保險費構成的要素包括純保險費、附加保險費兩部份，主要以下列三項變數為計算基礎。

(1)預定死亡率：死亡率愈高，預期死亡給付會愈高，保費將愈貴。（與保費成正比）

(2)預定利率：預定利率愈低，保單預定利息收入愈低或保單折現率愈低，保費將愈貴。（與保費成反比）

---

[7] 參壽險公會，壽險業務員登錄考試教材、廖勇誠，輕鬆考證照：人身與財產風險管理概要與考題解析第二章

(3)預定營業費用率：費用率愈高，需要收取的費用就愈高，保費將愈貴。（與保費成正比）

2. 年金保險費率的計算基礎

(1)預定危險發生率：生存率愈高，預期領取生存給付會愈多，保費將愈貴。（與保費成正比）

(2)預定利率：預定利率愈低，保單預定利息收入愈低或保單折現率愈低，保費將愈貴。（與保費成反比）

(3)預定附加費用率：費用率愈高，需要收取的費用就愈高，保費將愈貴。（與保費成正比）

※利變年金與利變壽險之保單價值準備金或利差回饋，與宣告利率水準攸關。

3. 壽險公司壽險商品利潤來源三因素

(1)**死差益：實際死亡率 < 預定死亡率**

(2)利差益：實際投資報酬率 > 預定利率

(3)費差益：實際營業費用率 < 預定營業費用率

4. 壽險公司年金保險商品利潤來源三因素

(1)**生存利益：實際生存率 < 預定生存率 (給付期間或即期年金)**

(2)利差益：實際投資報酬率 > 宣告利率或預定利率

(3)費差益：實際營業費用率 < 預定營業費用率

二、責任準備金提存

1.壽險商品責任準備金提存

(1)95年1月1日起訂定之契約，其純保險費較20年繳費終身保險為大者，採20年繳費終身保險修正制。

(2)責任準備金在壽險公司會計報表上為負債科目。

(3)壽險責任準備金採較保守的評價基礎，通常採用較低的預定利率或較高的預定死亡率來評價。

(4)自92年1月1日起新銷售之人壽保險單，計算保險費率之生命表得自行決定。

(5)自93年1月1日起計提壽險責任準備金之生命表以「台灣壽險業第四回經驗生命表」為基礎。

(6)自101年7月1日起計提壽險責任準備金之生命表以「台灣壽險業第五回經驗生命表」為基礎。

(7)保險業於營業年度屆滿時，**應分別依保險種類，計算其應提存之各種責任準備金**，記載於特設之帳簿。

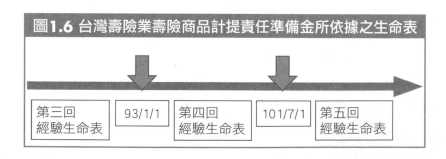

圖**1.6** 台灣壽險業壽險商品計提責任準備金所依據之生命表

| 第三回經驗生命表 | 93/1/1 | 第四回經驗生命表 | 101/7/1 | 第五回經驗生命表 |

2.年金保險責任準備金提存

  (1)責任準備金提存方式

    a.累積期間：提存金額為年金保單價值準備金

    b.給付期間：採平衡準備金制計算準備金 [8]

  (2)給付期間預定危險發生率(利變年金與傳統年金相同)

    自101/7/1起新銷售之年金保險商品，其預定危險發生率，以「台灣壽險業第二回年金生命表」為基礎由各公司自行訂定，計提責任準備金之生命表應以「台灣壽險業第二回年金生命表」為基礎，並以不超過計算保險費（年金金額）之預定危險發生率為準。

3. 人身保險業新契約責任準備金利率自動調整精算公式

    金管會保險局對於傳統壽險商品預定利率的監理，主要透過新契約法定責任準備金提存利率的規範。保險局在95年頒佈人身保險業新契約責任準備金利率自動調整精算公式，並陸續頒佈準備金提存利率標準；主要方向為依繳費期間與負債存續期間訂定不同的責任準備金提存利率。截至102年12月底，保險局僅開放美元、澳幣、歐元與人民幣傳統保單，美元傳統保單

---

[8]壽險採修正制準備金提存，調降首年準備金提存金額；年金保險則未採修正制準備金，完全依照平衡準備金提存。

需依照人身保險業美元外幣保單新契約責任準備金利率自動調整精算公式之規範辦理，澳幣、歐元與人民幣傳統保單則分別依照澳幣、歐元與人民幣保單新契約責任準備金利率自動調整精算公式之規範辦理。摘錄壽險業外幣傳統保單的新契約責任準備金利率規定如下：

表1.4 人身保險業美元外幣保單
新契約責任準備金利率自動調整精算公式

美元保單種類/責任準備金提存利率	102年	103年
躉繳7年期養老保險	1.5%	1.25%
1~3年繳費終身壽險保單	2.25%	2%
6~20年繳費的終身壽險保單	2.75%	2.75%

資料來源：參酌102年及103年責任準備金提存利率規範

表1.5 人身保險業澳幣外幣保單
新契約責任準備金利率自動調整精算公式

澳幣保單種類/責任準備金提存利率	102年	103年
躉繳7年期養老保險	2.25%	2%
1~3年繳費終身壽險保單	2.75%	2.5%
6~20年繳費的終身壽險保單	3.25%	3.25%

資料來源：參酌102年及103年責任準備金提存利率規範

小叮嚀：
103年人民幣保單之責任準備金提存利率：6~20年繳費的終身壽保單為2.5%。

表1.6 人身保險業歐元外幣保單
新契約責任準備金利率自動調整精算公式

歐元保單種類/責任準備金提存利率	102年	103年
躉繳7年期養老保險	2.0%	1%
1~3年繳費終身壽險保單	2.25%	1.5%
6~20年繳費的終身壽險保單	2.75%	2.25%

資料來源：參酌102年及103年責任準備金提存利率規範

考題重點

- 預定死亡率並非年金保險保費計算基礎，預定危險發生率才是喔！
- 傳統年金保險或遞延年金給付期間之最低責任準備金提存，採取平衡準備金制度，而非修正準備金制度。
- 利率變動型遞延年金保險累積期間責任準備金提存，以年金保單價值準備金全額提存，給付期間則依照平衡準備金制提存。
- 利率變動型遞延年金保險在累積期間，若提供保證利率，需依照附保證利率之**萬能保險**責任準備金計算方式增提準備金。
- 主管機關對於壽險商品新契約責任準備金提存利率，訂有新契約責任準備金利率自動調整精算公式規範，供業者遵循。
- 責任準備金提存較保守，通常會採取較保守的死亡率或利率評價。

第五節 採核准制送審商品制度概要

　　主管機關簡化商品送審制度後，對於台灣商品送審效率幫助頗大。目前絕大部分人身保險商品之送審，採取備

查制度。備查送審制度下，壽險公司無須經過主管機關核准，可以直接銷售商品，但需於保險商品上市販售後15個工作日內將文件送至保險局或指定機構。依規範僅新型態保險商品與主管機關列舉的特定商品，才依據保險商品銷售前程序作業準則與新型態人身保險商品認定標準，採取核准制送審。

一、需以核准方式送審之商品

1. 依據勞工退休金條例相關規定辦理之年金保險商品。
2. 應提存保證給付責任準備金之投資型保險商品。[9]
3. 新型態之保險商品。新型態保險商品之認定標準，由中華民國人壽保險商業同業公會擬訂，報主管機關核定。依據新型態保險商品之認定標準，以下商品須採核准制送審：
   (1)各公司第一張非約定以新台幣為收付幣別之傳統型保險商品。
   (2)各公司第一張以人民幣為收付幣別之傳統型保險商品。

---

[9] 變額年金保險或投資型壽險結合保證最低身故給付、保證最低年金給付、保證最低累積價值、保證最低滿期給付與保證最低提領給付等保證特色後，也增加了商品的特色與誘因；因而降低保戶投資風險，讓許多民眾樂於將變額年金保險作為退休理財工具。然而變額年金保險或投資型壽險包含保證最低給付特色，雖可增加商品之保證特色，卻因需要額外扣收保證費用而可能導致商品預期報酬率降低或因為投資標的受限多而造成商品魅力降低，這些疑慮或瓶頸也需要考量與因應。

(3)各公司第一張非約定以新台幣為收付幣別之投資型保險商品。

(4)殘廢程度與保險金給付表未依示範內容規範辦理。

(5)各公司第一張優體件。

(6)各公司第一張弱體件。

(7)財產保險業各公司第一張健康保險商品。

(8)有保險金給付選擇權。

(9)各公司第一張由保險人全權決定運用標的之投資型保險商品。

(10)各公司第一張微型保險商品。

二、不屬於新型態保險商品

1. 新型態保險商品經主管機關核准時間逾六個月。

2. 同類型新型態保險商品經主管機關核准時間雖未逾六個月，惟已核准達兩張。

小叮嚀：

須採取核准制送審之商品：

1. 第一張：第一張外幣保單、第一張人民幣保單、第一張優體或弱體保單、第一張微型保單與全委投資型保險。

2. 依據勞工退休金條例相關規定辦理之年金保險商品。

3. 應提存保證給付責任準備金之投資型保險商品。

4. 特殊商品：保險金給付選擇權、未依示範內容規範辦理。

※所連結之投資工具屬於新種財務工程，不屬於新型態人身保險商品認定標準。

牛刀小試：

1. 採核准制送審之新型態商品，需檢附那些商品文件呈保險局核准？(依人身保險商品審查應注意事項)

   A.商品之年齡、繳費年期、保額等假設與分析

   B.利潤衡量指標

   C.敏感度測試結果

   D.敏感度測試結果各項假設之趨勢分析與預測、假設合理性

   E.可接受之利潤、預期之利潤及損益兩平業務量

   答案：A、B、C、D、E

2. 人身保險業93年起新銷售之壽險商品，其計提責任準備金之生命表之規範為何？

   A.自行決定

   B.第三回經驗生命表

   C.第四回經驗生命表

   D.第五回經驗生命表

   答案：C

3. 人身保險業101年7月起新銷售之壽險商品，其計提責任準備金之生命表之規範為何？

   A.自行決定

   B.第三回經驗生命表

C.第四回經驗生命表

D.第五回經驗生命表

答案：D

4. 依照萬能人壽保險死亡給付對於保單價值準備金比率之規範，被保險人年齡為35歲，請問其比率不得低於多少？

A.155%

B.130%

C.112%

D.122%

答案：A

5. 下列哪一種商品屬於新型態壽險商品，須以核准制送審？

A.各公司第一張微型保險商品

B.各公司第一張外幣投資型年金保險

C.各公司第一張由保險人全權決定運用標的之投資型保險

D.連結標的屬於新種財務工程或新型態標的

E.各公司第一張弱體保單

答案：A、B、C、E

第二章 外幣傳統保單規範概要

第一節 外幣保單商品規範概況
一、外幣保險商品開放沿革
1. 94年6月開放外幣投資型保險商品上市。
2. **94年11月主管機關開放以外幣收付之投資型保單放款業務。**
3. 96年3月央行同意開放外幣非投資型(傳統型)保險業務(含外幣保單放款)。
4. 96年4月央行公佈保險業辦理外匯業務管理辦法。
5. 96年8月金管會保險局公佈人身保險業辦理以外幣收付之非投資型人身保險業務應具備資格條件及注意事項。
6. 97年美元傳統保單正式上市。
7. 98年公佈規範並開放澳幣與歐元傳統保單業務。
8. 102年2月人民幣計價投資型保單上市。
9. 102年12月公佈規範並開放人民幣傳統保單業務。

二、開放外幣傳統保單之優點[10]
1. 降低壽險業之避險成本：保費收付、保險給付與資金運用皆以相同幣別之外幣辦理，可避免壽險業之匯率風險並降低避險成本。

---

[10] 參壽險公會 (2012)，外幣保單訓練教材，P.64

2. 因應客戶多元化幣別需求與多元化商品需求。

3. 有助於保險市場或商品之國際化。

小叮嚀:

1.開放外幣保單並無法降低保戶的匯率風險。

2.以外幣收付與以新台幣收付之人身保險業務的差異:

(1)保戶必須承擔匯率風險

(2)匯款費用之負擔

(3)保險費、保險給付及其他款項以外幣收付

第二節 外幣傳統保單規範概況

一、保險業申辦外幣傳統保單資格要求

人身保險業申請辦理外幣傳統保單業務,應符合之資格條件:

1. 最近一年內未有遭主管機關重大裁罰或罰鍰累計達新台幣300萬元以上。

2. 自有資本與風險資本之比率(RBC比率或資本適足比率),達200%以上。

3. 國外投資部分採用計算風險值(Value at Risk)評估風險,每週至少控管一次。

(1)風險值,按週為基礎、樣本期間至少三年

(2)按日為基礎、樣本期間至少一年

(3)樣本資料至少每週更新一次

(4)以99%的信賴水準,計算十個交易日之風險值,且

須每月進行回溯測試(Back Testing)。

4. 董事會設有風險控管委員會或於公司內部設置風險控管部門及風控長等職務。

5. 最近一年主管機關及其指定機構保戶申訴率及處理天數之綜合評分值為人身保險業排名前80%。

小叮嚀：

關於以**VaR**(風險值)評估風險關鍵字：

1. 每週控管、樣本資料每週更新

2. 樣本期：週三、日一(按週為基礎、樣本期間至少三年；按日為基礎、樣本期間至少一年)

3. 計算10天的VaR

4. 每月作回溯測試(Back Testing)

※VaR風險值(Value at Risk)[11]指在風險承受度下，投資組合之最大非預期損失，該損失包含相關之財務風險。

二、申辦外幣保單應備文件

依據保險業辦理外匯業務管理辦法，保險業向央行申辦外幣保單相關外匯業務，應檢附以下書件：

1. 重要事項告知書(含風險告知)

2. 營業計劃書

3. 保險業負責人簽署之法規遵循聲明書

4. 金管會核准文件

---

[11] 參宋明哲 (2007)，現代風險管理，P.111

5. 董事會議事錄或外國壽險公司總公司或區域總部授權書

6. 營業執照影本

小叮嚀：

1. 目前主管機關已開辦**外幣非投資型**與外幣投資型保單。實務上外幣非投資型保單稱為外幣傳統型保單。

2. 向**央行**申辦外幣保單業務，不需準備保單條款、費率表、要保書與契約變更申請書等文件。

3. 對於外幣保險之再保險業務規範如下：
   (1)不得以台幣收付
   (2)不得約定台幣與外幣間相互變換
   (3)不得約定各幣別間相互變換

4. 保險人辦理外幣保單之保單質押放款，對於國內保戶應提供確有實際外幣需求之文件辦理，而且放款金額不得兌換為台幣。

三、配套措施與規範

1. 95年央行表示在風險充分告知、金融業跨業經營與外幣商品稅賦公平配套措施下，可考量開放經營外幣傳統保單。

2. 以外幣收付之非投資型人身保險契約與新台幣收付之人身保險契約間，**不得辦理契約轉換**。

小叮嚀：

避免外幣與台幣保單資產混淆不清，未能落實資產區隔。

3. 96年3月中央銀行同意開放外幣傳統保單，要求如下：

(1)匯率風險充分告知

(2)不得辦理外匯匯兌或放款業務(保單放款除外)

(3)每月提供外幣傳統保單業務統計資料予央行

4. 金管會在開放外幣保單業務建議方案中，提及風險充分告知之配套措施有哪些：

(1)加強業務員教育訓練

(2)充分揭露資訊

(3)告知匯率變動風險

5. 以外幣收付之非投資型人身保險契約，其對應之一般帳簿資產不得兌換為新台幣，且其資金運用仍應依保險法第一百四十六條之四規定(國外投資規範)辦理。

6. 人身保險業應依主管機關規定，將外幣保單業務相關統計報表向主管機關或財團法人保險事業發展中心申報。

7. 再保險業業者之經營涉及外匯業務者，應經央行許可後才可辦理。

四、保單行政方面

1. 保險給付之款項應由壽險公司存入或匯入受益人外匯

存款戶，若受益人需要結匯為台幣，應由受益人自行向銀行業辦理。

2. 要保人繳交保險費時，因繳交方式不同可能產生匯率差價、匯款手續費、郵電費及其他費用。

小叮嚀：
民眾實際到銀行匯款時，不需要另外支付匯率差價，因已直接反映在匯率上。

3. 契約概況通知：壽險公司應至少每年1次向要保人揭露該保險商品當年度【解約金】、【死亡保險金額】及【生存保險金額】等給付項目折合新台幣計算後之參考價值，提供方式依照壽險公司與要保人約定方式。

小叮嚀：
年度通知書內容主要與給付金額攸關，包含活著可領多少、解約可領多少、身故可領多少，經約定可以透過書面郵寄或(及)email寄送。

4. 以外幣收付之非投資型人身保險(包含美元、歐元、澳幣與人民幣等各種外幣)，不得與台幣收付的人身保險(投資型或非投資型保險)，辦理契約轉換。

5. 以外幣收付之人身保險(包含各種外幣)，與外幣收付之另一人身保險(各種外幣投資型或非投資型保險)，

可以辦理契約轉換。

五、客戶適合度與風險告知

1. 應落實招攬人員管理、商品資訊揭露及商品適合度政策；另銷售外幣保險商品時，應於要保書及商品簡介明顯處揭露商品涉及匯率風險、幣別所屬國家之政治、經濟變動風險。

2. 客戶適合度調查應遵循精算學會所訂外幣保險商品精算實務處理準則及人壽保險商業同業公會所訂客戶適合度規範。

3. 在完成客戶適合度調查後，應由要保人及業務員於「客戶適合度調查評估表」共同簽名確認並寫上日期。

4. 準保戶的選擇標準：健康、需要保險、付得起保費、便於拜訪及擁有外幣需求。

5. 慎選有外幣需求的客戶：

   (1)有外幣存款客戶

   (2)保險金受益人居住於國外：歐元需求(居住歐洲歐元區[12])、美元需求(居住於美國)、澳幣需求(居住於澳洲)。

   (3)需有外幣需求的客戶：

---

[12] 歐元區不含英國與瑞士等國，英國使用英鎊，瑞士使用瑞士法郎。

a.手中持有外幣資產，希望未來繼續持有

b.準備未來子女出國留學基金

c.未來預計在國外購屋置產

d.退休後規劃到國外居住或養老、旅遊

e.滿期或身故受益人居住於國外

小叮嚀：

考量客戶是否有外幣需求時，需要確認客戶擁有外幣需求之幣別為歐元、美元或澳幣？ 例如：退休後計畫到英國居住，則該客戶並無歐元需求，僅有英鎊需求。該客戶計畫到美國居住，則僅有美元外幣需求，並無澳幣或歐元外幣需求。

6. 應將**匯率風險及外匯相關法規**納入對保險業務員之教育訓練制度。

7. 人身保險業送審外幣非投資型保險商品，除應依保險商品銷售前程序作業準則等規定檢附相關送審文件外，應併檢附以下文件：

(1)各項交易之會計處理方式說明

(2)外幣資產負債配置具體計畫及執行方法

(3)外幣資產區隔之方式

(4)要保書及保單條款：載明保險費收取方式、匯款費用之負擔及匯率風險揭露等相關事宜。

小叮嚀：

● 外幣資產需要辦理資產區隔。

● 商品送審檢附文件比台幣保單多，但不包含內部控制與稽核文件。

小叮嚀：

美元兌換台幣之匯率風險範例：

匯率從30變為33，表示1美元可以換到的台幣從30元增加為33元，表示美元升值，台幣貶值。這時候持有美元比較划算，若將美元兌換為台幣，會產生匯兌利益3元。

相反的，匯率從33變為30，表示1美元可以換到的台幣從33元減少為30元，表示美元貶值，台幣升值，這時候持有台幣比較划算，若將美元兌換為台幣，會產生匯兌損失3元。

六、內部控制與內部稽核

1. <u>自行查核</u>：壽險公司行政及業務等單位按月辦理，例如：商品部、契約部與各業務(通路)部門。

2. <u>專案查核：稽核部門執行，每季辦理</u>；查核結果需要2個月內送保險局備查。

3. 辦理自行查核與專案查核之部室：招攬(通路)、精算、投資、核保、理賠、保全、法務等業務單位。

小叮嚀：

辦理自行查核與專案查核部室，不包含資訊開發、人力資源、總務與風險管理等部門。

4. 依據保險業內部控制及稽核辦法，摘錄重要規範如下：

　　(1)保險業財務、業務及資訊單位，每年至少應辦理1次定期自行查核。保險業自行查核之查核報告及工作底稿至少留存3年備查。

　　(2)保險業內部稽核單位對於財務、資產保管、資訊及其他管理單位每年至少應辦理1次一般查核。保險業內部稽核報告應交付各監察人查閱，並於查核結束日起2個月內函送主管機關。

5.關於內部稽核之其他規範

　　(1)內部稽核單位查核內部控制措施時，應包括內部牽制及勾稽功能。

　　(2)應評估各項內部控制處理程序之**妥適性**，並提出修正建議，以確保制度能持續有效執行。

重要法規摘錄：

　　人身保險業辦理以外幣收付之非投資型人身保險業務應具備資格條件及注意事項(金管會公佈)

　　1. 訂立以外幣收付之非投資型人身保險契約時，保險人與要保人得約定保險費、保險給付、費用及其他款項收付之外幣幣別，但不得約定新台幣與外幣或各幣別間之相互變換。

前項保險費、保險給付、費用及其他款項之收付，保險人應與要保人事先約定收付以外匯存款戶存撥。

2. 人身保險業經營外幣收付之非投資型人身保險，<u>險種以人壽保險及年金保險為限，並須經中央銀行許可。</u>

3. 以外幣收付之非投資型人身保險契約，其對應之一般帳簿資產不得兌換為新台幣，且其資金運用仍應依保險法第一百四十六條之四規定辦理。

4. 以外幣收付之非投資型人身保險契約與新台幣收付之人身保險契約間，不得辦理契約轉換。

5. 人身保險業辦理第一張以外幣收付之非投資型人身保險商品，應檢附符合資格條件之說明文件，依保險商品銷售前程序作業準則等規定向主管機關申請核准。

6. <u>人身保險業送審外幣非投資型保險商品時，除應依保險商品銷售前程序作業準則等規定檢附相關送審文件外，應併檢附以下文件：</u>

(1) <u>該等保險商品各項交易之會計處理方式說明</u>

(2) <u>外幣資產負債配置具體計畫及執行方法</u>

(3) <u>外幣資產區隔之方式</u>

(4) <u>要保書及保單條款載明保險費收取方式、匯款費用之負擔及匯率風險揭露等相關事宜。</u>

7. 人身保險業辦理外幣非投資型保險業務，應遵循事項如下：

(1) <u>落實招攬人員管理、商品資訊揭露及商品適合度政</u>

策。

(2)應將匯率風險及外匯相關法規納入對保險業務員之教育訓練制度。業務員應通過中華民國人壽保險商業同業公會所舉辦之特別測驗，並完成資格登錄。

(3)應於要保書及商品簡介明顯處揭露保險費收取方式、匯款費用之負擔及商品所涉匯率風險及商品幣別所屬國家之政治、經濟變動風險等，並由要保人及業務員於要保書共同具簽確認業務員已充分說明事項。

(4)至少每年一次向要保人揭露該等保險商品當年度解約金、死亡保險金額及生存保險金額等給付項目折合新台幣計算後之參考價值，其提供方式由保險人與要保人約定。

(5)應瞭解要保人之需求與承受匯率風險能力，銷售外幣非投資型保險商品前並應建立商品適合度政策。

第三章 投資型保單規範概要

第一節 一般投資型保險商品規範概要

一、外幣投資型保險商品規範概要 [13]

1. 主管機關規範外幣投資型保險之保險人與要保人得約定保險費、保險給付、費用及其他款項收付之幣別，但台幣與外幣不得相互轉換。

2. 商品上市前須經央行許可。

3. 外幣保單之相關款項不得以新台幣收付，結匯事宜應由要保人或受益人依照外匯收支或交易申報辦法規定，向銀行業辦理。

4. 外幣收付之投資型年金保險，**在給付期間若無專設帳簿資產，得約定以台幣給付年金**，不受台幣與外幣間不得相互轉讓之限制，並由**保險業**依外匯收支或交易申報辦法**辦理結匯**。

5. 投資型保險專設帳簿之會計處理，依照壽險業會計制度之分離帳戶保險商品會計處理準則處理。

6. 央行於96年10月針對外幣投資型保單放款業務限制：限制保單質借金額以**純屬保險部分**之保單價值準備金**二成**為上限。

[13] 參投資型保單投資管理辦法與境外結構型商品管理規則

> **小叮嚀：**(依96年10月函)
> 外幣投資型保單質借金額計算基礎<u>不包含投資帳戶價值部分</u>。

二、專設帳簿與標的規範

1. 投資型保險之資金運用決定權屬於要保人所有，與一般傳統壽險不同。

2. 專設帳簿與投資型保險連結標的之規範，應遵循投資型保險投資管理辦法。

3. 投資型保單之投資資產屬於各該**投資型保單受益人**所有，其他人不能請求扣押或所有、分配。

4. 投資型保單連結基金須為**主管機關核准或申報生效得募集發行或銷售的基金**，但國內外證券交易市場交易之指數股票型基金(ETF)不受核准或申報之限制。

5. 專設帳簿資產，應與保險人之其他資產分開設置，並單獨管理，但以下除外，得以**現金移轉**：

   (1)將一般帳簿資產轉入專設帳簿作為設立之用或做為維持正常運作之用。

   (2)扣收保險成本與各項費用。

   (3)為維護要保人或受益人之利益且經主管機關核准。

> **小叮嚀：**
> 限以現金移轉。

6. 專設帳簿資產之定期通知，應依保險契約所約定之方

式，每季通知要保人專設帳簿內資產價值 (每季帳戶價值通知函)。

7. 專設帳簿之資金運用與配置，應與要保人同意或指定的投資方式或標的相符。

8. 專設帳簿資產應依保險契約約定評價日之市價評價。

9. 專設帳簿之投票表決文件或紀錄，至少保存5年。

10. 專設帳簿資產解散清算，應按保險人及要保人所有受益權價值比例，分派予保險人或受益人。

11. 外幣保單專設帳簿資產，以投資外幣計價投資標的為限，保險人應與要保人約定收付之外幣或外匯存款戶。

三、專設帳簿資產之保管或委託管理

1. 一般投資型保險(非由保險人全權決定運用標的或非全委投資型保險)：保險人得委外代為運用與管理資產。

小叮嚀：

依據投信投顧法規，投信或投顧公司可經營全權委託投資業務，因此保險公司的投資型保險連結標的內，除了共同基金標的外，也可以包含投信或投顧公司的代操或全權委託投資帳戶。

2. 保險人委託他人運用專設帳簿資產，應作成書面紀錄，按月提出檢討報告與保存。

3. 保險人委託他人運用專設帳簿資產，應依要保人或受

益人之利益管理，不得有下列情事：

(1)提供資產作為擔保之用。

(2)將資產借予他人。

(3)從事法令禁止投資之項目。

小叮嚀：

不能借錢給人、不能作呆人(作擔保)

---

4. 壽險公司應向主管機關申報專設帳簿所選任之保管機構，保管機構有變更，應在15個工作天內向主管機關申報。

四、專設帳簿規範

1. 保險人得指派具有金融、證券或其他投資業務經驗之專業人員管理運用帳簿資產，但全權委託保險人投資運用之投資型保險，應另依證券投資信託及顧問法規申請兼營全權委託投資業務。

2. 非由保險人全權決定之投資型保險，保險人得委託主管機關核准經營全權委託投資業務之管理事業代為管理運用；管理事業之選任，應依照保險人內部訂立之委外代為資金管理處理程序及法令辦理，並向主管機關申報管理事業，如有變更應於15個工作日申報。

3. 保險人應將專設帳簿之資產交由**A-級以上之保管機構**保管，若有變更，應該在15工作日內向主管機關申

報。

> **小叮嚀：**不得自行保管。

4. 保險人可將專設帳簿資產出售予他人，但不得將資產作為擔保、借貸或其他禁止投資項目之用途。

> **小叮嚀：**
> 全權委託保險人投資運用之投資型保險(全委投資型保險)，應另依證券投資信託及顧問法規申請兼營全權委託投資業務。

五、連結投資標的規範

一般投資型保險(非全委投資型保險)所連結投資標的，以下列為限：

1. 銀行存款
2. 共同基金：受益憑證、境外基金
3. 受益**證券**：例如共同信託基金受益證券、不動產信託受益證券、金融資產受益證券或資產基礎證券、不動產抵押債權證券。
4. 債券：
   (1)公債
   (2)公司債
   (3)金融債券
5. 結構型商品
6. 其他主管機關核准之標的

小叮嚀：

1. 依不動產證券化條例所發行之標的：包含以不動產為基礎而發行之證券化商品。
   (1)不動產投資信託受益證券(REITs為Real Estate Investment Trusts的縮寫)
   (2)不動產資產信託受益證券(REATs為Real Estate Asset Trusts的縮寫)
2. 依金融資產證券化條例所發行之受益證券或資產基礎證券，例如以貸款、信用卡、應收帳款與債券債權為主要資產基礎而發行之證券化商品。

小叮嚀：

投資型保險可連結保本型證券投資信託基金(簡稱保本型基金)，限制如下：

1. 保本型基金因保本操作需要，以定期存款存放於國內銀行者，銀行總行最近一期之自有資本與風險性資產比率應符合銀行法規定標準。
2. 保本型基金若有保證機構，該保證機構之長期債務信用評等應符合信用評等機構評定達A-等級以上。
3. 保本型基金之存續期間至少應達六年(含)以上。
4. 保本型基金之計價幣別以新臺幣、美元、英鎊、歐元、澳幣、紐西蘭幣、港幣、新加坡幣、加幣、日圓及人民幣為限。
5. 到期保本比率應達計價貨幣本金之百分之一百(含)以上。

六、一般投資型商品不得連結之標的內容

1. 依據央行發佈保險業辦理外匯業務管理辦法

(1)連結本國貨幣市場之新台幣利率指標及匯率指標

(2)相關主管機關限制

2. **連結或運用於國外指數型基金，其追蹤指數逾越主管機關允許範圍**

3. **特定ETF：只能連結金管會核定掛牌交易**，主要投資股票或債券為主之標的，且不得投資具有槓桿或放空效果。

4. **台灣存託憑證**

5. **對沖基金或避險基金**[14]

6. **私募基金或證券(以私募方式發行之基金受益憑證或有價證券)**

7. 特定共同基金：非為主管機關核准或申報生效之基金

小叮嚀：

投資型保險不得連結標的：

1. 連結外匯與利率指標
2. 私募基金或證券
3. 特定ETF(槓桿或放空等)
4. 特定指數型基金：追蹤指數逾越主管機關允許範圍
5. 特定基金：非為主管機關核准或申報生效之基金
6. 台灣存託憑證
7. 對沖或避險基金
8. 其他主管機關限制

※利率指數與利率指標不同，不得連結利率指標，而非利率指數。

---

[14] 對沖基金或避險基金 (Hedge Fund) 透過多空多元操作、放空、槓桿與衍生性商品投機交易等多元方式，追求基金之絕對報酬獲利。常採私募並以法人或 VIP 客戶為主要客戶，相對風險也較一般共同基金高。參日盛金控 (2006)，第 10 章；謝劍平 (2013)，P.210。

七、連結結構型商品之規範

1. 封閉結構型商品：[15]

(1)到期保本率至少為計價本金的100%。

(2)不得含有目標贖回設計，且不得含有發行機構提前贖回之選擇權。

2. 開放式結構型商品之動態保本率需達計價貨幣本金之80%以上。

3. 投資型保險連結結構型商品之計價幣別，包含以下：

美元、加幣、英鎊、歐元、澳幣、紐幣、日圓、港幣與新幣等。

4. 債券或國內結構型商品之發行機構或保證機構之長期債務信用評等，如遭調降至twBBB+以下(含)時，保險人應於3日內通知要保人。

5.投資型保險連結之結構型商品不得連結於以下標的：

(1)新台幣利率及匯率指標

(2)國內有價證券

(3)本國企業於國外發行之有價證券

(4)國內投信公司於國外發行之受益憑證

(5)台股指數及其相關金融商品

(6)涉及大陸地區之商品或契約：大陸證券市場有價證

---

[15] 封閉結構型商品有募集期間，募集期間才能投資該結構型債券，並於募集期滿將資金整批投入該結構型商品。開放結構型商品則隨時可以買賣，並無募集期間才能投資之限制。

券、大陸政府與企業發行或交易之有價證券、大陸
地區股價指數、股價指數期貨、債券或貨幣市場相
關利率指標、人民幣匯率指標等

(7)未經金管會核准或申報生效之境外基金

(8)國外私募有價證券

(9)股權、利率、匯率、基金、指數股票型基金ETF、
指數及商品指數等**衍生性金融商品**。

小叮嚀：
不可連結印尼盾、瑞士法郎與泰銖等幣別計價之結構型商品。

八、投資型保險之連結標的與保管機構之信評要求

表**3.1** 投資型保險之連結標的與保管機構之信評要求

標的	信用評等要求
美國聯邦國民抵押貸款協會、住宅抵押貸款公司等	AAA級以上
國內發行(金融債券、公司債、浮動利率中期債券、結構型商品)	國內發行：AA級以上
國內外公債、國庫券	國家主權評等A級以上
國外發行(金融債券、公司債、浮動利率中期債券)	國外機構發行：A-級以上
國內外保管機構	A-以上

小叮嚀：
1.投資型保險連結之國內金融債券應符合twAA級評等。

2. 保險人應將專設帳簿之資產**交由A-級以上之保管機構保管**，若有變更，應該在15工作日內向主管機關申報。

3. 保險人可將專設帳簿資產出售予他人，但不得將資產作為擔保、借貸或其他禁止投資項目之用途。

九、其他規範

1. 投資型保險保險人行使專設帳簿持有股票之投票表決權，應基於投資型保險保戶之最大利益表決，而且保險人應指派該事業(該公司)人員參與投票表決。

2. 專設帳簿之投票表決文件或紀錄，至少保存**5**年。

3. 信用風險管理：保險人應建立投資標的發行、保證或經理機構之信用風險評估與分散準則，若有發行或經理機構破產或調降評等至BBB+(含)以下，保險人應於發生日起3日內通知要保人，並執行緊急應變及追償作業。

小叮嚀：

建立投資標的**發行、保證或經理機構**之信用風險評估與分散準則，並未包含"保管機構"喔！

重要規範摘錄：

1. 投資型保險契約所提供連結之投資標的及專設帳簿資產之運用，除要保人以保險契約約定委任保險人全權決定運用標的外，以下列為限：

(1)銀行存款。

(2)證券投資信託基金受益憑證。

(3)境外基金。

(4)共同信託基金受益證券。

(5)依不動產證券化條例所發行之不動產投資信託受益
證券或不動產資產信託受益證券。

(6)依金融資產證券化條例所發行之受益證券或資產基
礎證券。

(7)各國中央政府發行之公債、國庫券。

(8)金融債券。

(9)公開發行之有擔保公司債，或經評等為相當等級以
上之公司所發行之公司債，或外國證券集中交易市
場、店頭市場交易之公司債。

(10)結構型商品。

(11)美國聯邦國民抵押貸款協會、聯邦住宅抵押貸款
公司及美國政府國民抵押貸款協會所發行或保證
之不動產抵押債權證券。

(12)其他經主管機關核准之投資標的。

2. 投資型保險商品連結之各種結構型商品，應符合下列
規定：

(1)計價幣別以結構型商品管理規則所定計價幣別為
限。

(2)發行條件除應記載發行機構、保證機構之長期債務信用評等外，並應揭露該等結構型商品之風險及相關重要資訊，其揭露事項依銀行辦理衍生性金融商品業務應注意事項或財團法人中華民國證券櫃檯買賣中心證券商營業處所經營衍生性金融商品交易業務規則相關規定辦理。

3. 保險人之董事、監察人、經理人及負責運用與管理專設帳簿資產之人，應盡善良管理人之注意，忠實執行專設帳簿投資管理業務，不得以職務上所知悉之消息，為專設帳簿保戶以外之人或自己從事投資相關之交易活動，或洩漏消息予他人。

4. 投資型保險契約所提供連結之投資標的發行或經理機構破產時，保險人應基於要保人、受益人之利益向該機構積極追償。

5. 保險人行使投資型保險專設帳簿持有股票之投票表決權，應依下列規定辦理：
　(1)除法令另有規定外，應由保險人指派該事業人員投票。
　(2)保險人行使表決權，應基於投資型保險保戶之最大利益，且不得直接或間接參與該股票發行公司經營

或有不當之安排情事。

(3)保險人於出席投資型保險專設帳簿所持有股票之發行公司股東會前，應將行使表決權之評估分析作業，作成說明。

(4)保險人應將投資型保險專設帳簿所持有股票發行公司之股東會通知書及出席證登記管理，並應就出席股東會行使表決權，表決權行使之評估分析作業、決策程序及執行結果作成書面紀錄，循序編號建檔，至少保存5年。

6. 保險人解散清算時，專設帳簿之資產在清償相關費用及債務後，剩餘之財產，應按專設帳簿資產內保險人及要保人所有受益權價值之比例分派予保險人及要保人或受益人。

7. 以新台幣收付之投資型保險契約，其結匯事宜應依中央銀行訂定之外匯收支或交易申報辦法等有關規定辦理。

8. 保險業銷售投資型保險商品連結境外結構型商品者，應依境外結構型商品管理規則規定與發行機構、總代理人共同簽訂書面契約。銷售投資型保險商品連結國內結構型商品者，應與發行機構簽定書面契約，且其內容應包括下列事項：

(1)為遵循相關法令，要求該結構型商品發行機構應配

合提供之資訊、協助及其應負之責任。

(2)載明結構型商品對於下列事項，發行機構應於事實發生日起三日內，公告並通報保險業，保險業應轉知要保人：

a.發行機構因解散、停業、營業移轉、併購、歇業、依法令撤銷或廢止許可或其他相似之重大事由，致不能繼續營業者。

b.發行機構或保證機構之長期債務信用評等或結構型商品之發行評等遭調降者。

c.結構型商品發生約定之重大事件，致重大影響要保人或被保險人之權益者。

d.其他重大影響要保人或被保險人權益之事項。

(3)發行機構無法繼續發行結構型商品時，應協助要保人辦理後續結構型商品贖回或其他相關事宜。

9. 保險業應訂立內線交易及利益衝突之防範機制，其內容至少應包括下列事項：

(1)應訂定資訊安全、防火牆等資訊隔離政策，避免資訊不當流用予未經授權者。

(2)應訂定員工行為守則。

(3)保險業及本商品之招攬人員，不得直接或間接向投資標的發行機構要求、期約或收受不當之金錢、財物或其他利益，並納入法令遵循制度之查核項目。

(4)投資型商品之招攬人員不得以收取佣金或報酬多寡作為銷售本商品之唯一考量，亦不得利誘客戶投保本商品或以誘導客戶轉保方式進行招攬。

(5)投資型商品之各項費用應依投資型保險資訊揭露應遵循事項之規定辦理。

小叮嚀：

1. 保險人銷售投資型保險商品時，應充分揭露相關資訊；於訂約時，應以重要事項告知書向要保人說明下列事項，並經其簽章：

   (1)各項費用。

   (2)投資標的及其可能風險。

   (3)相關警語。

   (4)其他經主管機關規定之事項。

2. 外幣投資型保險商品之計價幣別包含哪些：人民幣、美元、歐元、澳幣、英鎊、日圓、港幣、紐幣與加拿大幣等；相較之下，明顯較外幣傳統保單之允許計價幣別多元化。

第二節 全委投資型保險規範概要

小叮嚀：

要保人全權委託保險人投資運用專設帳簿資產之投資型保險，由保險人全權決定專設帳簿資金運用。

一、從事全委投資型保險之資格要求

1. 最近一年內未有遭主管機關重大裁罰或罰鍰累計達新台幣300萬元以上。

2. 自有資本與風險資本之比率(RBC比率或資本適足比率)，達200%以上。

3. 國外投資部分採用計算風險值(VaR, Value at Risk)評估風險，每週至少控管乙次。
   (1)風險值，按週為基礎、樣本期間至少三年
   (2)按日為基礎、樣本期間至少一年
   (3)樣本之資料至少每週更新一次
   (4)以99%的信賴水準，<u>計算10個交易日之風險值</u>，且須每月進行回溯測試(Back Testing)。

4. 董事會設有風險控管委員會或於公司內部設置風險控管部門及風控長等職務。

5. 最近一年主管機關及其指定機構保戶申訴率及處理天數之綜合評分值為人身保險業排名前80%。

小叮嚀：

1. 保險人經營全委投資型保單應符合之資格條件與經營外幣傳統保單之經營資格要求相同。

2. 關鍵數值：200%、300萬以下、風險值每週控管(週三、日、一、10個交易日)、按月作**回溯測試(Back Testing)**、設立風險管理部、申訴評分前80%。

二、連結標的規範

1. 保險人接受要保人以保險契約委任全權決定運用標的，其運用範圍以下列為限：

(1)銀行存款。

(2)公債、國庫券。

(3)金融債券、可轉讓定期存單、銀行承兌匯票、金融機構保證商業本票。

(4)公開發行之公司股票。

(5)公開發行之有擔保公司債，或經評等為相當等級以上之公司所發行之公司債。

(6)證券投資信託基金受益憑證及共同信託基金受益證券。

(7)台灣存託憑證。

(8)依金融資產證券化條例發行之受益證券或資產基礎證券。

(9)依不動產證券化條例發行之不動產資產信託受益證券及不動產投資信託受益證券。

(10)外國有價證券。

(11)證券相關商品。

(12)其他經主管機關核准之標的。

2. 全權委託投資之投資型保險，投資於外國有價證券，可包含那些投資標的：

(1)公債庫券：外國政府公債、國庫券。

(2)公司債或票券：外國金融債券、浮動利率中期債券、可轉讓定期存單、外國集中交易市場、店頭市

　　場之股票與公司債。

(3)境外基金。

(4)不動產抵押債權證券：美國聯邦國民抵押貸款協
　　會、聯邦住宅抵押貸款公司等機構發行或保證之不
　　動產抵押證券。

3. 保險人全權決定運用之投資型保險(由保險人全委代
　　操)，不得有以下情況：

(1)放款

(2)與其他專設帳簿交易

(3)投資於保險人發行之股票或公司債(或有利害關係
　　的有價證券)

(4)投資於私募有價證券

(5)從事證券信用交易(融資、融券業務)

(6)出借或借入有價證券

4. 經核准後，保險人得自行轉入現金至全委標的專設帳
　　簿，供帳簿設立之用。

小叮嚀：

例如壽險公司投資型保險連結之貨幣帳戶，需要以現金轉入該帳
戶，才能設立或開戶。

表**3.2** 一般投資型商品與全委投資型商品特定連結標的比較

標的 /商品別	一般投資型保險	全委投資型保險
放款、不動產投資、未上市股票、避險基金(對沖基金)或私募基金(證券)	X	X
台灣存託憑證	X	○
結構型債券	○	X
信用交易(融資融券)	—	X

● X：不可連結； ○：可連結。

三、專設帳簿與保管規範

1. 全委投資型保險：應依照保險商品別分別保管專設帳簿資產。

2. 全委投資型保險保險人應於每一營業日計算每一要保人之保單帳戶價值。

3. 全委投資型保險相關帳簿資產至少需保存5年。

4. 全委投資型保險帳簿資產管理應依照一般公認會計原則、壽險公會規範及相關法令規定辦理。

5. 全委投資型保險之要保人可向保險人申請轉換或變更投資方針，保險人不得拒絕。但若因為險種、保險期間或保險金額改變導致危險增加，保險人可以拒絕。

小叮嚀：
險種、期間、金額皆可能造成危險增加喔！

6. 全委投資型保險因法令變更導致投資或交易範圍有增

減，保險人應於60日內通知要保人。要保人若表示異議，向保險人申請終止契約，保險人不得收取解約費用。

7. 保險人應於每個會計年度終了後4個月內，編制年度決算報告，經會計師查核簽證後函報主管機關備查並公告。

小叮嚀：

比照公開發行公司之年度財報須於4月底前公佈。

牛刀小試：

1. 依照保險法規與自律規範，保險人對於投資型保險專設帳簿資產之評價，應如何通知或計算資產價值？

A.保險契約約定

B.保險人指定

C.要保人指定

D.受益人指定

答案： A

2. 依照保險法規與自律規範，保險人對於外幣非投資型保單之資產，應如何辦理？

A.專設帳簿

B.分離帳戶

C.資產區隔

D.外幣帳戶

答案： C

3. 由保險人全權決定運用之投資型保單，保險人應另依據何種法規申請兼營全權委託投資業務？

A.信託法

B.證券投資信託及顧問法

C.證券交易法

D.銀行法

答案： B

4. 保險人破產時，受益人對於保險人得請求之保險金額債權，以下何種正確？

A.以責任準備金按訂約時之保險費率比例計算

B.以責任準備金按繳費年度比例計算

C.以保單價值準備金按訂約時之保險費率比例計算

D.以保單價值準備金按繳費年度比例計算

答案：C

5. 投資型保險之保險人應基於何人之最大利益，且不得直接或間接參與發行公司經營等情事？

A.保險人

B.受益人

C.被保險人

D.保戶

答案：D

6. 保險人接受要保人以保險契約委任全權決定投資者，不得投資於哪一標的？

A.外國銀行發行之浮動利率債券

B.私募基金

C.對沖基金

D.結構型債券

E.台灣存託憑證

答案：B、C、D

7. 投資型保險商品之保險人其管理運用專設帳簿資產，不得有何種情事？

A.將資產作為擔保之用

B.將資產借予他人

C.從事法令禁止項目

D.將資產售予他人

答案：　A、B、C

第四章 保險業國外投資規範概要

第一節 保險業國外投資之規範概要[16]

　　保險監理制度包含範圍廣泛，資金運用之監理是重要一環，資金運用包含投資項目與比率之諸多限制，歸納撰寫相關規範重點如後。

一、保險法對於資金運用之規範概要

　　保險業可運用**資金**包含業主權益與各項準備金，關於資金運用項目與比率限制列表於後：

表**4.1** 保險法資金運用規範摘要

資金運用項目	限制
存款	● **存放於每一金融機構之金額**≤10% x資金
有價證券	● 總額≤資金x 35% ● 公債、國庫券、金融債券、銀行保證商業本票總額 ≤資金x 35% ● **個別股票或公司債：** 　≤資金x 5%；≤公司資本額x 10% ● **個別共同基金：** 　≤資金x 10%；≤基金發行總額 x 10% ● **證券化商品與其他**≤資金 x 10%
放款	● 總額限制≤資金 x 35% ● 個別限制≤資金 x 5% ● 允許承作之放款：銀行或保證機構提供之保證放款、動產或不動產擔保放款、保單放款與有價證券質押放款

---

[16] 參保險業辦理國外投資管理辦法與保險法 146 條。

資金運用項目	限制
不動產	● 不動產投資以即時利用並有收益為限，投資總額 ≦30% ● 自用不動產總額不得超過業主權益
國外投資(外匯存款、有價證券、國外保險相關事業、其他)	● 投資總額≦資金x 45% ● 外幣傳統保單經主管機關核准，可不計入國外投資額度 ● 詳參保險業辦理國外投資管理辦法
投資保險相關事業	● 投資總額：不得超過業主權益 ● 詳參保險業申請投資保險相關事業管理辦法
專案運用、公共投資與社福事業投資	● 詳參保險業資金辦理專案運用、公共及社會福利事業投資管理辦法
從事衍生性商品交易	● 詳參保險業從事衍生性金融商品交易管理辦法
其他	投資型保險商品專設帳簿之管理、保存與運用，不受146條相關規範限制。

小叮嚀：

1. 保險業辦理放款之限制：
   (1) 銀行保證之放款
   (2) 動產或不動產抵押放款
   (3) 有價證券質押放款
   (4) 保單質押放款(保單借款)
2. 保險業資金運用，依法不允許辦理一般企業放款或公司保證放款。
3. 金管會新聞稿(102/10)揭露未來壽險公司投資單一公司股票比率上限調降為被投資公司資本額之5%，請留意。

二、保險法對於國外投資之規範--保險法146條-4

保險業資金辦理國外投資，以下列各款為限：

1. 外匯存款。
2. 國外有價證券。
3. 設立或投資國外保險公司、保險代理人公司、保險經紀人公司或其他經主管機關核准之保險相關事業。
4. 其他經主管機關核准之國外投資。

　　保險業資金依前項規定辦理國外投資總額，由主管機關視各保險業之經營情況核定之，最高不得超過各該保險業資金百分之四十五。但保險業經主管機關核准銷售以外幣收付之非投資型人身保險商品，並符合主管機關規定條件者，得向主管機關申請核給不計入前段國外投資總額之額度。

　　保險業資金辦理國外投資之投資規範、投資額度、審核及其他應遵行事項之辦法，由主管機關訂定之。

三、保險業辦理國外投資管理辦法之規範概要

　　保險業辦理國外投資之項目，以下列為限：

1. 外匯存款。
2. 國外有價證券。
3. 經中央銀行許可辦理以各該保險業所簽發外幣收付之人身保險單為質之外幣放款。
4. 衍生性金融商品。
5. 國外不動產。
6. 設立或投資國外保險公司、保險代理人公司、保險經

紀人公司或其他經主管機關核准之保險相關事業。

7. 經行政院核定為配合政府經濟發展政策之經建計畫重大投資案。

8. 其他經主管機關核准之資金運用項目。

小叮嚀：

保險業辦理國外投資運用範圍摘要：

● 允許存款、有價證券、人身保險保單放款、衍生性金融商品、不動產、保險相關事業、行政院核定之重大投資案與其他核准項目。

● 不含：一般放款、專案運用、公共及社會福利事業投資。

四、保險業資金得投資國外有價證券之範圍

1. 外國政府發行之公債、國庫券。

2. 外國銀行發行或保證之金融債券、可轉讓定期存單、浮動利率中期債券。

3. 本國企業或銀行發行以外幣計價之公司債、金融債券。

4. 以外幣計價之商業本票。

5. 外國證券集中交易市場或店頭市場交易之股權或債權憑證：包含股票、首次公開募集股票、公司債、存託憑證、可轉換公司債及附認股權公司債等。

6. **國外表彰基金之有價證券**

(1)證券投資基金

(2)指數型基金

(3)指數股票型基金（ETF）

(4)不動產投資信託基金

(5)對沖基金

(6)私募股權基金

(7)基礎建設基金

(8)商品基金

7. 資產證券化商品

8. 國外政府機構發行之債券

9. 國際性組織所發行之債券

10.其他經主管機關核准之有價證券

小叮嚀：

1.允許投資之國外有價證券不包含結構型商品。

2.資產證券化商品並非國外表彰基金之有價證券。

第二節 國外投資標的規範與限制概要

一、國外投資之資金運用項目

依照保險業辦理國外投資管理辦法，保險業國外投資之資金運用項目包含以下各項目：

1. 外匯存款

2. 國外有價證券

3. 外幣保單之保單放款

4. **衍生性金融商品**

5. 國外不動產

6. 保險相關事業

7. 行政院核定之經建計劃重大投資案

8. 其他核准項目

小叮嚀： 允許之國外投資項目包含衍生性金融商品。

二、國外投資標的之規範限制-存款、基金、公債、資產證券化與商業本票

1. 外匯存款：

保險業資金運用於外匯存款，可存放於境內銀行與外國銀行(外國銀行須為全球資本或資產前500大或境內設有分行)；存放於同一銀行之金額，不得超過該保險業資金之3%。

2.共同基金(含ETF)：

(1)每一國外基金之總額，不得超過該保險業資金5%及該基金已發行總額10%。

(2)保險業投資於國外表彰基金之有價證券總額，不得超過核定國外投資總額之40%。

(3)國外表彰基金之有價證券種類如下：

　　a.證券投資基金。

　　b.指數型基金。

c.指數股票型基金（ETF）。

d.不動產投資信託基金。

e.對沖基金。

f.私募股權基金。

g.基礎建設基金。

h.商品基金。

3. 國外公債、國際組織債券：

　(1)公債：信用評等等級需AA-級或相當等級以上，對
　　　每一國外政府機構所發行債券之投資總額，不得超
　　　過該保險業資金5%。

　(2)國際性組織發行之債券：信評等級需A-級或相當
　　　等級以上，對每一國際性組織所發行債券之投資總
　　　額，不得超過該保險業資金5%。

4. **資產證券化商品：**

　(1)信評需A-級或相當等級以上

　**(2)投資總額不得超過保險業經核定之國外投資額度
　　　20%。**

　**(3)對每一資產證券化商品之投資金額，不得超過保險
　　　業資金1%。**

　**(4)國外住宅不動產抵押貸款債券，其資產池之債權平
　　　均信用評等分數須達680分以上。**

5. 商業本票：

(1)其發行或保證公司之信用評等等級須經國外信用評等機構評定為**BBB+級**。

(2)投資於同一公司發行或保證之商業本票，不得超過保險業可運用資金之**5%**及發行公司**股東權益金額之10%**。

> **小叮嚀：**
> 102年5月新修訂，改為股東權益金額之**10%**[17]。

三、國外投資標的之規範限制─公司債、股票、對沖與私募基金

> **小叮嚀：**
> 投資於同一公司發行之股票或公司債，不得超過保險業可運用資金之**5%**及發行公司股東權益金額之**10%**。

1. 公司債(含可轉換公司債及附認股權公司債)：

(1)經國外信用評等機構評定為**BBB+級**或相當等級之公司所發行之公司債。

(2)保險業最近一年國外投資未受重大處分或違反情事已改正並經主管機關認可，可放寬限制如下：

---

[17] 原為：股本與股本溢價之 10%

a.最近一期自有資本與風險資本之比率(RBC比率)達200%以上，且董事會下設風險管理委員會，並於公司設風險管理部門及風控長，投資於國外公司債之發行或保證公司之信用評等等級，只須達BBB級或相當等級。

b.若最近一期自有資本與風險資本之比率(RBC比率)達250%以上或信用評等AA級以上，董事會每年訂定風險限額定期控管，且董事會下設風險管理委員會，並於公司設風險管理部門及風控長，投資於國外公司債之發行或保證公司之信用評等等級，只須達BBB-級或相當等級。另外，也可以投資於經國外信用評等機構評定為BB+級或相當等級，但須經公會審定及公告並經主管機關備查之國外公司債。

(3)保險業投資於國外信用評等機構評定為BBB級、BBB-或BB+級的每一公司發行或保證之公司債，不得超過保險業業主權益金額之10%。

(4)保險業投資於國外信用評等機構評定為BB+級的公司債總額，不得超過保險業核定國外投資額度之2%。

(5)保險業投資於國外信用評等機構評定為BB+級~BBB+級之公司債總額，最高不得超過核定國外投資額度之12%或業主權益之60%。

小叮嚀：

● 102年5月新修訂，原先限制為**BBB+**，改為符合資格限制可放寬為**BBB**、**BBB-**或**BB+**。

● 保險業投資於國外信用評等機構評定為BB+級~BBB+級之公司債總額，不得超過Max(核定國外投資額度＊12%，業主權益＊60%)。

2. 股權憑證(股票、首次公開募集股票、存託憑證、可轉換公司債及附認股權公司債)

    (1)保險業可投資國外股權憑證，包含股票、首次公開募集股票、存託憑證、可轉換公司債及附認股權公司債等。

    (2)投資總額限制：不得超過核定國外投資總額之40%。

3. 對沖基金及私募股權基金：

    (1)對沖基金及私募股權基金投資總額不得超過該保險業可運用資金之2%。

    (2)單一基金投資總額：

        a.單一基金投資總額超過可運用資金之萬分之五，需經董事會核准，金額不足一億台幣，以一億台幣計算。

        b.單一基金投資總額不得超過該基金已發行總額10%。

    (3)對沖基金之基金經理公司須以在經濟合作暨發展組

織國家主管機關註冊者為限，且管理對沖基金歷史須滿2年以上，管理對沖基金之資產不得少於美金2億元或等值外幣。

(4)私募股權基金之基金經理公司須以在經濟合作暨發展組織國家主管機關合法註冊者為限，且管理私募股權基金歷史須滿5年以上，管理私募股權基金之資產不得少於美金5億元或等值外幣。

小叮嚀：

1.資產證券化商品投資限制≦國外投資額度×20%

2.對沖基金投資限制：≦可運用資金之2%、該基金發行總額之10%、2年、2億

3.私募基金投資限制：≦可運用資金之2%、該基金發行總額之10%、5年、5億

小叮嚀：

1.本國企業發行之存託憑證或公司債，並非外國證券市場之股權或債權憑證。

2.外國企業發行之存託憑證或公司債，屬於外國證券市場之股權或債權憑證。

3.保險業投資於國外公司債與金融債券，其交易金額加計國內債券或商業本票，總額不得超過保險業資金之35%。

4.146條-3規範之有價證券質押放款：指符合146-1條所定有價證券之質押放款業務，而非146條-4或其他條文所訂之有價證券。

四、高風險國外投資之投資總額規範

1. 保險業資金投資於以下各標的總額，<u>不得超過保險業可運用資金之5%</u>。

　(1)BB+~BBB+級之可轉換公司債或附認股權公司債。

　(2)對沖基金、私募基金、基礎建設基金及商品基金。

　(3)資產池個別資產之信評未達BBB-級之抵押債務債券。

　(4)資產池採槓桿融資或含有次級房貸或槓桿貸款之債券。

小叮嚀：

高風險標的包含有BB+~BBB+級之公司債、對沖基金、私募基金、基礎建設基金及商品基金、信評未達BBB-級之抵押債務債券、資產池採槓桿融資或含有次級房貸或槓桿貸款之債券等四大項。

2. 保險業有以下情形，不得投資高風險標的：

　(1)最近一年違反國外投資規範，受重大處分(<u>100萬以上</u>)。

　(2)RBC比率未達250%或RBC比率達200%且信評AA級以上。

　(3)董事會未設置風險管理委員會或公司未設置風管部門及風控長。

五、投資國外及大陸地區不動產規範

1. 以投資時已合法利用並產生利用效益者為限：指不動產投資之出租率達60%並符合當地經濟環境之投資報酬率。

2. 保險業須符合以下資格限制：

   (1)最近一期自有資本與風險資本之比率(RBC比率)達200%以上。

   (2)最近二年國外投資未受重大處分。

   (3)最近二年資金運用作業內部控制程序無重大違規。

   (4)董事會下設風險管理委員會，並於公司設風險管理部門及風控長。

3. 投資總額限制：不得超過保險業業主權益之10%。

4. 保險業可以自己名義取得國外及大陸地區不動產或經由投資特定目的不動產投資事業取得國外及大陸地區不動產。

5. 保險業可以透過投資特定目的不動產投資事業取得國外及大陸地區不動產。該不動產投資事業須經主管機關核准，並由保險業百分之百持有，另應符合下列規定：

   (1)該事業之業務範圍，以購買、持有、維護、管理、營運或處分不動產及不動產相關權利等為限。

   (2)該事業不得向外借款、為保證人或以其財產提供為他人債務之擔保，且其資金用途以下列為限：

a.支付業務所發生之相關成本及費用。

b.存放於金融機構。

c.該事業之各項收入，除預留必要之營運資金外，應於每年結算並經會計師簽證後<u>六個月內</u>匯回母公司。

(3)保險業應於年度終了後<u>三個月內</u>，檢具不動產投資事業之資料，報請主管機關備查。

小叮嚀：

1.**102年5月新修訂~**大陸地區不動產。

2.法規上已逐漸以風險管理名詞，取代風險控管喔，實務之組織架構也是。

3.購買、持有、維護、管理、營運或處分不動產及不動產相關權利之背誦建議：**處分、購買與持有違規(維護)管理營運的不動產與權利。**

六、大陸地區有價證券投資(人民幣計價)

1. 保險業符合以下資格限制，可從事大陸地區有價證券投資：

(1)董事會通過從事大陸地區投資相關交易處理程序及風險監控管理措施。

(2)董事會每年訂定外匯風險管理限額及由風險管理委員會或風險管理部門定期控管。

(3)最近二年未違反國外投資規範受重大處分(<u>100萬以上罰鍰</u>)。

(4)RBC比率達200%以上。

(5)董事會設置風險管理委員會或公司設置風險管理部門及風控長，實際負責公司風險管理。

2. 投資標的與限制：

(1)公債及國庫券：不得超過該保險業核定國外投資額度之5%。

(2)股票(含首次公開募集股票)。

(3)公司債及金融債券：發行公司或保證公司之信用評等等級須為A-級以上。

(4)證券投資基金及指數股票型基金(ETF)：不得超過核定國外投資額度之1%及該基金已發行總額之10%。

(5)基於避險目的，可從事衍生性金融商品交易。

3. 投資總額限制：

(1)投資於同一公司所發行之有價證券投資總額，不得超過核定國外投資額度之1%及發行公司股東權益之10%。

(2)投資總額限制：不得超過保險業核定國外投資額度之10%。

(3)若投資後最近一期RBC比率未達200%，其投資總額不得超過核定國外投資額度之5%。

> **小叮嚀：**
> 102年5月新修訂~開放大陸地區有價證券投資(人民幣計價)。

表4.2 保險業國外投資限制摘要表

標的	比率限制	信評或其他限制
外滙存款	● 每一銀行存款≦可運用資金之3%	外國銀行須為全球資本或資產前500大或境內設有分行
國外政府公債	● 每一標的≦可運用資金之5%	AA-級以上
國際組織債券	● 每一標的≦可運用資金之5%	A-級以上
資產證券化商品	● 總額≦保險業核定之國外投資額度的20% ● 每一標的投資金額≦可運用資金1%	A-級以上
商業本票	● 每一標的≦可運用資金之5% ● 每一標的≦發行公司股東權益之10%	BBB+級以上
國外證券市場之股權或債券憑證(股票、首次募集股票、公司債、存託憑證、可轉換公司債等)	● 每一標的≦可運用資金之5% ● 每一標的≦發行公司股東權益之10% ● 保險業投資於國外信用評等機構評定為BBB級、BBB-或BB+級的每一公司發行或保證之公司債，不得超過保險業業主權益金額之10%。 ● 保險業投資於國外信用評等機構評定為BB+級的公司債總額，不得超過保險業核定國外投資額度之2%。 ● 保險業投資於國外信用評等機構評定為BB+級~BBB+級之公司債總額，不得超過Max(核定國外投資額度×12%，業主權益×60%) ● 總額：保險業投資於國外股票、存託憑證或可轉換公司債之總額，不得超過核定國外投資總額之40%。	公司債：BBB+~BB+級以上

標的	比率限制	信評或其他限制
基金相關(證券投資基金、指數型基金、ETF、不動產信託基金、對沖、私募基金等)	● 每一標的≦可運用資金之5% ● 每一標的≦該基金已發行總額之10% ● 投資總額不得超過核定國外投資總額之40%	-
對沖基金與私募基金	● 單一對沖基金投資總額超過可運用資金之萬分之五，需經董事會核准，金額不足1億台幣，以1億台幣計算。 ● 每一標的≦該基金已發行總額之10% ● 投資總額≦2%	● 對沖基金：公司需在經濟合作發展組織國家註冊、管理經驗2年以上、資產不得低於2億美元。 ● 私募基金：公司需在經濟合作發展組織國家註冊、管理經驗5年以上、資產不得低於5億美元。
大陸地區或國外不動產	● 需即時利用並有收益 ● 投資總額≦業主權益之10%	● 不動產投資之出租率達60%並符合當地經濟環境之投資報酬率。
大陸地區有價證券	● 公債及國庫券：不得超過該保險業核定國外投資額度之5%。 ● 證券投資基金及指數股票型基金(ETF)：不得超過核定國外投資額度之1%及該基金已發行總額之10%。 ● 投資於同一公司所發行之有價證券投資總額，不得超過核定國外投資額度之1%及發行公司股東權益之10%。	● 公司債及金融債券：公司債發行公司或保證公司之信用評等等級須為A-級以上。

標的	比率限制	信評或其他限制
	● 投資總額不得超過核定國外投資總額之10%	● 若投資後最近一期RBC比率未達200%，其投資總額不得超過核定國外投資額度之5%。

七、國外投資交易處理程序與風險監控

1. 保險業訂定國外投資相關交易處理程序應包括書面分析報告之製作、交付執行之紀錄與檢討報告之提交等，其相關資料應至少保存五年。

2. 國外投資風險監控管理措施，應包括有效執行之風險管理政策、風險管理架構及風險管理制度，其中風險管理制度應涵蓋國外投資相關風險類別之識別、衡量、監控及限額控管之執行及變更程序。

八、資產管理自律規範要點

1. 制定目的：加強保險業資產管理，有效控管保險業資金運用風險，以確保清償能力，維護保戶權益。

2. 保險業管理資產時，**應考量負債及風險，並分析資產與負債之關係**，確保有足夠之清償能力。前項分析資產與負債之關係，應考慮下列事項：

   (1)分析持有資產之到期日、流動性及與負債之適當性。

   (2)建立適當現金流量預測模型，以測試公司是否能承

受市場情境與投資條件之變化，並檢視當其清償能力受到負面影響時，能否作適當調整。

3. 保險業應對各項資產所產生之各種風險加以辨識、衡量、報告及監控。

前項所稱各種風險至少應包括市場風險、信用風險、流動性風險、作業風險及法律風險。

4. 保險業訂立之投資管理流程，其內容應包括：

(1)制定整體性投資政策。

(2)設置並授權相關單位執行投資政策。

(3)分析、衡量及控制投資結果與風險，其內容應包括：

　a.建立風險管理機制。

　b.建立完善之內部控制及稽核制度。

　c.建立適當之投資績效評估流程。

　d.建立相關人員適當且即時之投資溝通機制。

　e.建立投資政策與流程合理性之內部檢視機制。

5. 訂立投資政策時需考量資產與負債關係、風險承受程度、長期風險報酬要求、流動性與清償能力，並報經董事會通過，內容至少應包括下列事項：

(1)資產配置之決策依據。

(2)建立投資項目(含衍生性金融商品)之規範或限制，如市場種類限制、最低信評或品質要求、分散投資或相關數量之限制與外匯限制。

(3)操作衍生性金融商品與購買結構型商品時，應特別詳細揭露。

(4)投資決策授權層級。

前項投資政策至少每年應重新依照資產與負債關係、風險承受程度、長期風險報酬要求、流動性與清償能力狀況檢討1次，並報經董事會通過。

6. 保險業應依其規模、業務性質及組織特性，由董事會授權高階主管人員負責投資政策之規劃、管理及執行，董事會應負投資管理流程與投資政策之最終責任。

7. 保險業應訂定投資政策相關辦法，並經董事會授權之高階主管核准，其內容應包括下列事項：

(1)委外操作應依「保險業資金全權委託自律規範」辦理。

(2)交易對手及保管機構之選擇標準。

(3)績效衡量與分析之方法及頻率。

(4)投資人員應遵守之規範。

8. 高階主管人員每年至少1次根據業務與市場情況，檢視其內部作業程序之適當性。

9. 高階主管人員應建立風險管理機制，並應符合下列要求：

(1)能確實反應投資風險。

(2)能適時正確反應所有重大風險。

(3)能確保相關人員了解此項機制之運作。

10.風險管理機制之主要功能應包括：

(1)監督投資運作是否符合投資政策。

(2)明確記載並適時呈報違反投資政策及相關法規之事項。

(3)檢視過去風險管理之步驟與結果。

(4)檢視公司資產、負債部位及流動性狀況，並評估資產配置限制之合理性。

(5)分析投資可能遭受之損失。

(6)定期將風險管理機制之相關報告及各種風險曝險程度之分析報告呈報高階主管人員，必要時應呈報於董事會。

11.保險業如有違反資產管理自律規範之情事，經查核屬實者，得經公會理監事會決議後視情節輕重，處以新台幣5萬元以上，新台幣20萬元以下之罰款；前述處理情形並應於1個月內報主管機關。

第三節 保險業提高國外投資之資格限制

一、對於國外銀行與信評機構之要求

1.外國銀行：指全世界銀行資本或資產排名居前500名以內或在中華民國境內設有分行之外國銀行。

2. 國外信用評等機構：指Moody's Investors Service、Standard & Poor's Corp、Fitch Ratings Ltd。

3. 國內信用評等機構：中華信用評等公司、惠譽國際信用評等公司。

> **小叮嚀：** 國內信評機構無穆迪信用評等公司。(102年5月修訂)

二、資金運用額度計算與超限評估規範

1. 保險業資金運用，應以購買成本入帳。判斷超限與否應以最近一筆交易之成交價格為評估基準。

2. 若非因公司增加投資所致資金運用項目超過保險法規限額之情況，稽核部門應追蹤控管，若公司於6個月內無法改正，稽核部門應立即呈報主管機關並提出書面具體改善計畫。

3. 國外投資總額之衡量：

   (1)保險業在實際匯出外幣或以外幣購買國外投資標的之時點，皆為國外投資總額之衡量日。

   (2)國外投資總額之計算，應以最近一期會計師簽證或核閱決算的總額，加減至衡量日為止的所有新增減實際國外投資金額，而且新增減實際國外投資金額需以實際入帳時之匯率計算。

4. 國外投資總額之計算範圍：

   (1)法令所載國外投資項目

(2)國外有價證券因跨月交割所產生之應收應付款

(3)衍生性金融資產與負債淨額

(4)因投資國外有價證券衍生之應收利息

小叮嚀： 國外投資總額不包含匯兌損益喔！

三、國外投資額度10%之保險業資格要求

1. 保險業已訂定國外投資相關交易處理程序及風險監控管理措施，並經<u>董事會</u>同意者，得在該保險業資金<u>10%</u>額度內辦理國外投資。

2. 保險業訂定國外投資相關交易處理程序應包括書面分析報告之製作、交付執行之紀錄與檢討報告之提交等，其相關資料應至少保存<u>5年</u>。

3. 國外投資風險監控管理措施，應包括有效執行之風險管理政策、風險管理架構及風險管理制度，其中風險管理制度應涵蓋國外投資相關風險類別之識別、衡量、監控及限額控管之執行及變更程序。

小叮嚀：
風險監控管理措施不包含風險管理方向或風險管理操作手冊等文件。

四、保險業申請提高國外投資額度至25%之資格要求

1. 符合國外投資額度10%之資格條件：已訂定國外投資相關交易處理程序及風險監控管理措施。
2. 最近一年執行各種資金運用內部控制處理程序無重大缺失或缺失事項已改正並經主管機關認可。
3. 經所屬簽證精算人員或外部投資機構評估辦理國外投資有利其經營。
4. 檢具含風險管理制度相關說明之完整投資手冊。

五、保險業申請提高國外投資額度至30%之資格要求

1. 符合國外投資額度25%之資格條件
2. 最近一年無受主管機關重大處分情事，或違反情事已改正並經主管機關認可。

小叮嚀：
重大處分情事，指經主管機關核處罰鍰達新台幣一百萬元以上。

六、保險業申請提高國外投資額度至35%之資格要求

1. 符合國外投資額度30%之資格條件
2. 國外投資分類為交易目的及備供出售之部位已採用計算風險值(VaR)評估風險，並每週至少控管乙次。
3. 國外投資分類為無活絡市場及持有至到期日之部位，已建置適當模型分析、辨識或量化其相關風險，並至少每半年向董事會報告風險評估情形。
4. 最近二年無受主管機關罰鍰處分情事，或違反情事已

改正並經主管機關認可。

5. 董事會下設風險管理委員會且於公司內部設風險管理部門及風控長一人，並實際負責公司整體風險控管，其風險控管範圍至少應包括國外投資所衍生相關風險之評估及控管與所衍生風險對於保險業清償能力之影響。

七、保險業申請提高國外投資總額<u>超過其資金35%</u>之資格要求

1. 符合國外投資額度35%之規定。

2. 取得國外投資總額提高至資金35%之核准已逾一年。

3. 由<u>**董事會每年訂定風險限額**</u>，並由風險管理委員會或風險控管部門定期控管。

4. 最近一期自有資本與風險資本之比率達<u>百分之二百五十以上</u>或經國內外信用評等機構評定最近一年信用評等等級為**AA-級**或相當等級以上。

5. 當年度未取得其他提高國外投資總額核准。

小叮嚀：

超過資金35%之資格要求列舉：

- <u>**RBC比率 250%或信評AA-**</u>
- <u>**董事會每年訂定風險限額**</u>
- 最近2年未受懲罰
- 設立風險管理委員會且於公司內部設風險管理部門及風控長
- 資金運用內部控制處理程序無重大缺失

- 最近一年無受主管機關重大處分情事
- 國外投資已採用計算風險值(VaR)評估風險
- 國外投資已建置適當模型分析、辨識或量化其相關風險
- 檢具含風險管理制度相關說明之完整投資手冊
- 已訂定國外投資相關交易處理程序及風險監控管理措施

八、保險業申請提高國外投資總額超過其資金40%者，應符合之資格要求

1. 符合國外投資額度超過35%之規定。
2. 最近三年度自有資本與風險資本之比率均達百分之二百五十以上，或經國內外信用評等機構評定最近一年信用評等等級為AA+級或相當等級以上。
3. 設有內部風險模型以量化公司整體風險。
4. 當年度未取得其他提高國外投資總額核准。

小叮嚀：

提高資金40%之資格要求列舉：

- **近三年RBC比率250%或信評AA+**
- **內部風險模型**
- 由董事會每年訂定風險限額
- 最近2年未受懲罰
- 設立風險管理委員會且於公司內部設風險管理部門及風控長
- 資金運用內部控制處理程序無重大缺失
- 最近一年無受主管機關重大處分情事
- 國外投資已採用計算風險值(VaR)評估風險
- 國外投資已建置適當模型分析、辨識或量化其相關風險
- 檢具含風險管理制度相關說明之完整投資手冊
- 已訂定國外投資相關交易處理程序及風險監控管理措施

表4.3 國外投資比率提高之資格要求摘要

國外投資比率	保險業資格要求摘要
10%	● 已訂定國外投資相關交易處理程序及風險監控管理措施，並經董事會同意
25%	● 符合10%要求 ● 最近1年執行各種資金運用作業內部控制處理程序無重大缺失，或缺失事項已改正並經主管機關認可。 ● 經所屬簽證精算人員或外部投資機構評估辦理國外投資有利其經營。 ● 檢具含風險管理制度相關說明之完整投資手冊。
=30%	● 符合25%要求 ● 最近1年無受主管機關重大處分情事，或違反情事已改正並經主管機關認可。
=35%	● 符合30%要求 ● 國外投資分類為交易目的及備供出售之部位已採用計算風險值評估風險，並每週至少控管乙次。 ● 國外投資分類為無活絡市場及持有至到期日之部位，已建置適當模型分析、辨識或量化其相關風險，並至少每半年向董事會報告風險評估情形。 ● 最近2年無受主管機關罰鍰處分情事，或違反情事已改正並經主管機關認可。 ● 董事會下設風險管理委員會且於公司內部設風險管理部門及風控長。
>35%	● 符合35%要求 ● 取得國外投資總額提高至資金35%之核准已逾1年。 ● 由董事會每年訂定風險限額，並由風險管理委員會或風險控管部門定期控管。 ● 最近1期自有資本與風險資本之比率達250%以上或經國內外信用評等機構評定最近1年信用評等等級為AA-級或相當等級以上。
>40%	● 符合>35%要求 ● 最近3年度自有資本與風險資本之比率均達250%以上，或經國內外信用評等機構評定最近1年信用評等等級為AA+級或相當等級以上。 ● 設有內部風險模型以量化公司整體風險。 ● 當年度未取得其他提高國外投資總額核准。

小叮嚀：

1. 保險業申請提高國外投資總額40%者，不應被罰100萬以上。
2. 依保險業資訊揭露規範：保險業之資金運用情形應每季更新一次。
3. 提高國外投資總額至35%，<u>未要求董事會每年訂定風險限額</u>，僅要求國外投資採取風險值評估風險、國外投資已建置模型分析風險、設風管委員會與近2年未受處分。
4. **提高國外投資總額超過35%之資格要求包含：最近一期RBC 250%或AA-且近2年未受處分與董事會訂定風險限額等。**
5. 提高國外投資總額超過40%之資格要求包含：<u>最近三年RBC 250%或AA+且近2年未受處分與建立內部風險模型等。</u>

九、保管機構限制

1. 保險業投資之國外資產得委由保管機構保管或自行保管，其保管機構應為最近一年經國內外信用評等機構評等等級為<u>A-級</u>或相當等級以上之金融機構。

2. 保險業經核定**國外投資額度達資金35%或國外投資金額達美金10億元以上**，除經由金融機構辦理特定金錢信託投資國外之有價證券及國外表彰基金之有價證券[18]外，其國外投資有價證券應由保管機構負責保管，

---

[18] 國外表彰基金之有價證券種類如下：

一、 證券投資基金。
二、 指數型基金。
三、 指數股票型基金（ETF）。
四、 不動產投資信託基金。
五、 對沖基金。
六、 私募股權基金。
七、 基礎建設基金。
八、 商品基金。

且保管機構不得超過二家。

> **小叮嚀：**
>
> 壽險業辦理國外投資，可在國外投資限制內，透過以下方式匯出資金：
>
> (1)利用壽險公司每年5,000萬美元累積結匯金額。
> (2)透過金融機構特定金錢信託投資國外。
> (3)向中央銀行專案申請核准後，自行投資國外。

3. 保險業資產管理<u>應考量負債及風險</u>，並分析資產與負債之關係，確保有足夠之清償能力。

4. 保險業業主權益超過保險法最低資本，得經主管機關核准，投資保險相關事業之股票，且該項目之投資總額，最高不得超過保險業業主權益。

5. twBBB+與BBB+(twn)信用評等不同，twBBB+才是中華信評的評等，BBB+(twn)為惠譽的信評等級。

6. 保險局對於外幣保單之風險管理規範：保險業應對各項資產所產生之各種風險加以辨識、衡量、報告及監控。保險業各種風險至少應包括市場風險、信用風險、流動性風險、作業風險及法律風險。

小叮嚀：

1. 背誦口訣－**市場信流作法 (市場相信劉sir作法)**：市場風險、信用風險、流動性風險、作業風險及法律風險。

2. 依據保險業風險管理實務守則－保險業風險包含以下各項：市場風險、信用風險、流動性風險、作業風險、資產負債管理風險、保險風險與其他風險。

法規摘錄：

1. 保險業自有資本與風險資本之比率，<u>不得低於百分之二百</u>；必要時，主管機關得參照國際標準調整比率。
保險業自有資本與風險資本之比率未達前項規定之比率者，不得分配盈餘，主管機關並得視其情節輕重為其他必要之處置或限制。

2. 保險人破產時，受益人對於保險人得請求之債權，<u>以保單價值準備金按訂約之保險費率比例計算</u>。

3. 保險人破產時，保險契約訂定有受益人者，<u>仍為受益人之利益而存在</u>。

4. 投資型保險契約之投資資產，非各該投資型保險之<u>受益人</u>不得主張，亦不得請求扣押或行使其他權利。

第五章 外匯管理規範概要

第一節 保險業外匯管制規範概要(央行頒佈)[19]

一、申請許可

1. 保險業有關外匯業務之經營，應向央行申請許可後，始得辦理。

2. 保險業得申請辦理全部或一部之業務項目，由央行依其業務需要，於範圍內分別許可，未經央行許可之外匯業務不得辦理。

3. 保險業申請許可辦理外匯業務，經審查有下列情形之一，央行得駁回其申請：

   (1)未由總機構或分支機構備文或未檢附規定書件向央行申請許可(本國保險業：總公司；外國保險業：國內分公司)。

   (2)最近一年有違反保險業辦理外匯業務管理辦法或其他外匯相關規定且情節重大，或經央行限期改正，屆期仍未改善者。

   (3)其他事實足認為有礙業務健全經營或未能符合金融政策要求之虞者。

二、許可後之廢止或撤銷

---

[19] 參管理外匯條例、外匯收支或交易申報辦法與壽險公會 (2012)，外幣保單訓練教材， P.44-45

保險業經辦各項外匯業務，有下列情事之一者，央行得按其情節輕重，**廢止或撤銷**許可外匯業務之一部或全部：

1. 發給許可函後六個月內未開辦者。但有正當理由申請延期，經央行核准，得延長三個月，並以一次為限。

2. 經營非央行許可外匯業務，或違反保險業辦理外匯業務管理辦法其他規定且情節重大，或經央行限期改正，屆期仍未改正。

3. 經央行許可辦理各項外匯業務後，發覺原申請事項有虛偽情事，且情節重大。

4. 有停業、解散或破產之情事。

5. 其他事實足以認為有礙業務健全經營或未能符合金融政策要求之虞。

三、保險業可辦理之外匯業務

　　保險業得辦理之外匯業務如下：

1. 以外幣收付之人身保險業務。

2. 以外幣收付之投資型年金保險，累積期間屆滿時轉換為一般帳簿之即期年金保險，約定以新台幣給付年金者。

3. 外幣保單質押放款。

4. 財富管理業務涉及外匯業務之經營者。

四、傳統外幣商品保單放款

1. 每家保險業每年承作外幣放款總額以五千萬美元為限，未用完之額度不得遞延至其後年度辦理。

2. 每年承作放款額度與公司行號每年可逕行結匯金額相同，皆為5,000萬美元。

3. 保險公司辦理外幣放款業務之資金來源限以保險業用於國外投資之自有外幣資金。

> **小叮嚀：**
> 1.客戶保單借款後又還款，但額度不能因為還款而增加。例如：原來累積保單放款額度4千萬，還款2千萬，剩餘額度還是只有1千萬喔！
> 2.外幣保單放款不可以用客戶的資金！

五、其他規定

1. 保險業辦理各項外匯業務，應先確實辨識顧客身分或基本登記資料及文件是否符合規定。

2. 除央行另有規定外，保險業應依所附格式報送外匯業務統計表，並應確保報表之完整與真實。(保險人須每月填報專設帳簿資產餘額表，15日前送達外匯局簽證科。)

3. 央行於必要時，得要求保險業填送其他相關報表。

4. 保險業辦理外匯業務應確實依收付之款項向銀行業辦理結匯，並應將結匯明細資料留存以供查核。

5. 央行於必要時得派員查閱保險業辦理外匯業務有關帳冊文件，或要求其於期限內據實提出財務報告或其他相關資料。

6. 以外幣收付之保險，其相關款項均不得以新台幣收付；其結匯事宜應由要保人或受益人依外匯收支或交易申報辦法之規定，向銀行業辦理。但投資型年金保險累積期間屆滿時轉換為一般帳簿之即期年金保險，得約定以新台幣給付年金，並由保險業依外匯收支或交易申報辦法等有關規定辦理結匯。

第二節 外匯管制與外匯申報概要[20]

一、我國外匯制度開放順序

早期採取外匯集中收付制，隨後先開放經常帳交易與長期資本交易，再開放短期資本交易，目前外匯管理已走向自由化與限額管理架構。[21]

二、現行台灣外匯自由化之管理機制

1. 不涉及台幣兌換之外幣資金進出完全自由。

2. 涉及台幣兌換之外幣資金進出：

---

[20] 參管理外匯條例、外匯收支或交易申報辦法與壽險公會 (2012)，外幣保單訓練教材，P.44-45

[21]76/3 政府訂定民間匯入款項審核辦法，以管制外匯。

(1)商品及勞務交易之資金進出完全自由。

(2)經主管機關核准之直接投資及證券投資進出完全自由。

(3)限額管理：公司行號及個人團體在每年累積結匯金額分別未達5千萬及5百萬美元，可直接向指定銀行辦理結匯，超過限額則須經央行核准，才可向指定銀行辦理結匯。

三、管理外匯主管機關

1. 外匯業務主管機關：中央銀行。職掌包含：外匯調度、指定與督導銀行辦理外匯業務、調節外匯供需與收支、審核匯出匯入款項、外國貨幣、票據及有價證券之買賣、監督民營事業國外借款經指定銀行保證等業務。

2. 外匯行政主管機關：財政部。職掌包含：政府與公營事業外幣債券與債務之監督管理、國庫對外債務保證與管理、軍政機關進出口外匯、應處罰鍰之裁決及執行等業務。

四、央行外匯管制規範

1. 額度內可逕行辦理新台幣結匯：

   (1)公司、行號：每年累積結購或結售金額未超過**五千萬美元**之匯款。

(2)個人、團體：每年累積結購或結售金額未超過**五百萬美元**之匯款。

(3)非居住民(非居民)：每筆結購或結售金額未超過**十萬美元**之匯款。

> **小叮嚀**：對於非居民之外匯管制最嚴格。

2. 單筆鉅額交易管理：經銀行確認文件後辦理結匯之外匯收支或交易。

(1)公司行號每筆結匯金額達100萬美元之匯款

(2)個人團體每筆結匯金額達50萬美元以上之匯款

(3)核准直接投資及證券投資之匯款

(4)涉及境外貨品或勞務之匯款

(5)依央行規範文件供銀行業確認之匯款

3. 需經**央行核准辦理結匯之外匯收支或交易**：

(1)公司、行號每年超過5千萬之匯款

(2)個人、團體每年超過5百萬之匯款

(3)非居民每筆超過10萬美元之匯款

(4)未滿20歲之國民，每筆結匯金額達台幣50萬元之匯款，須由銀行業者向央行申請核准後，才能辦理結匯。

> **小叮嚀**：
> 1.針對超過免申報標準，就需要經過央行核准才可以辦理結匯。

2. 銀行業包含銀行、信用合作社、農會信用部、漁會信用部及<u>中華郵政公司(郵局)</u>。

3. 個人：年滿20歲，領有國民身分證、台灣居留證或外僑居留證且效期1年以上之個人。

4. 非居住民：未領有台灣居留證或外僑居留證或效期未滿1年之非中華民國國民，或未在中華民國境內依法設立登記的公司行號與團體。

5. 公司、行號或團體對於非居住民提供勞務收入之匯款，申報義務人可直接辦理結匯。

6. 公司或行號每筆結匯金額達100萬美元，需經銀行業確認與申報書內容相符後，才能辦理結匯。

7. 未滿20歲之國民每筆結匯金額達台幣50萬元之匯款，須由銀行業者向央行申請核准後，才能辦理結匯。

8. 中華民國境內新臺幣50萬元以上等值外匯收支或交易，應依規定申報，申報辦法由央行訂之。

五、管理外匯條例規範概要

1. 管理外匯條例制定目的：平衡國際收支，穩定金融，實施外匯管理，公佈管理外匯條例。

小叮嚀：制定目的不含促進經濟成長。

2. 免結匯報運進口貨物，應向財政部申請核發免結匯報運進口

(1)國外援助物資。

(2)政府以國外貸款購入貨品。

(3)學校及教育、研究機構，接受國外捐贈貨品。

(4)慈善機構接受國外捐贈救濟貨品。

(5)出入國境旅客及交通人員隨身物品。

3. 收入：應存入或結售之外匯收入

以下各項外匯，<u>應結售央行或指定銀行</u>，得透過該行在外匯市場出售，其辦法由財政部會同中央銀行規定。

(1)出口貨品或基於其他交易行為取得之外匯

(2)航運業、保險業及各產業民眾等基於勞務所取得之外匯

(3)國外匯入款

(4)國人經政府核准，在國外投資之收入

(5)本國企業經政府核准國外投資、融資或技術合作取得之本息、淨利及報酬

(6)其他應存入或結售之外匯，如：華僑或外國人投資之事業，具有高科技，可提升工業水準並促進經濟成長，經核准可適用。

4. 支出：應購入或結購之外匯支出

(1)航運業、保險業及各產業民眾基於勞務或交易所支付之費用及款項

(2)核准進口貨品價款及費用

(3)前往國外留學、考察、旅行、探親及接洽業務費用

(4)服務於境內之中國企業機構員工(本國人或外國人)，贍養其在國外家屬費用

(5)外國人或華僑與本國企業技術合作之報酬

(6)經政府核准國外借款之本息及保證費用

(7)經政府核准向國外投資或貸款

(8)外國人或華僑在中國投資之本息及淨利

(9)其他費用及款項

小叮嚀：

1.申報外匯收支或交易之銀行業，包含銀行、信合社、農漁會信用部及中華郵政公司(郵局)。

2.進出口貨款及勞務之外匯收付、公司行號每年低於5千萬美元之匯款、個人團體每年低於5百萬美元之匯款、非居民每筆未超過10萬美元之匯款，可直接辦理結匯。

3.外幣投資型保單由要保人以外幣交付保費，保險業無須辦理結匯。

4.保險人須每月填報專設帳簿資產餘額表，15日前送達外匯局簽證科。

5.出境之本國人及外國人，每人攜帶外幣之限額，由財政部規範公佈。

6.公司、行號或團體對於非居住民提供勞務收入之匯款，申報義務人可直接辦理結匯。

7.公司或行號**每筆結匯金額**達100萬美元，需經銀行業確認與申報書內容相符後，才能辦理結匯。

六、緊急情況處置

1. 必要處置：金管會會同央行報請行政院核定後，可對

於危害國際安全之國家、地區或恐怖組織相關之個人、法人、團體、機構，對於其在帳戶、匯款、通貨或其他支付工具，做出禁止提款、轉帳、付款、交付、轉讓或其他必要處置，行政院金管會應於<u>公告後10日內送請立法院追認</u>。

2. 採取關閉外匯市場或限制外匯支付之措施：

遇有國內外經濟失調危及本國經濟穩定、國際收支嚴重逆差等情況時，應由行政院訂定外匯管制辦法，公告一定期間內，關閉外匯市場、停止或限制全部或部份外匯支付、命令將全部或部份外匯結售或存入指定銀行或為其他必要之處置。行政院決定後10日內須送立法院追認。<u>若遇立法院休會期間，得延長為20日內送立法院追認</u>。

3. 因應國際貿易發生長期順差、外匯存底鉅額累積或國際經濟重大變化，行政院得決定停止業務之開放。

小叮嚀：

1. 新台幣匯率大幅波動並非關閉或限制外匯業務控管之時機。
2. 若發生國內或國外經濟波動，危及國內經濟穩定或國際收支發生嚴重逆差，行政院得於10日內，採取必要之處置或限制。行政院應於決定後10日內向立法院追認。(立法院休會期間放寬為20日)
3. 炒匯、外匯套利或洗錢組織並非採取必要處置之情事。

七、罰則：外匯管理與申報

1. 故意違反關閉外匯市場、停止或限制全部或部份外匯支付措施，處台幣300萬以下之罰鍰。

2. **故意不為申報外匯收支、申報不實、受查詢(詢問)未於限期內提出說明或為虛偽說明者，處30,000~600,000以下罰鍰。**

3. 一般民眾買賣外匯違反申報規定，其外匯及價金沒收。

4. 攜帶外匯超過限額或申報不實，超過申報金額部分沒收。

5. **未將其外匯結售或存入中央銀行或指定銀行，處以按行為時匯率折算金額二倍以下罰鍰，並由央行追繳其外匯。**

6. 以非法買賣外匯為常業者，處3年以下有期徒刑、拘役或科或併科與營業總額等值以下之罰金且其外匯及價金沒收。

7. 依外匯管理條例應追繳之外匯，不歸還者，處以相當於應追繳外匯金額以下之罰鍰。

8. 依照管理外匯條例，攜帶外幣出入國境，若申報不實，超過申報部分金額沒入。

八、其他規範摘要

1. 申報義務人對於銀行業提供之交易憑證應予以核對。

若與事實不符，應自銀行業製發之日起7個營業日內，向銀行業辦理更正。

2. 申報義務人辦理台幣結匯後，不得要求更改內容，除非申報義務人非故意，經舉證並檢具律師、會計師或銀行業出具無故意申報不實意見書。

3. 申報義務人辦理台幣結匯申報後，不得更改申報書內容，但若有因故意申報不實，已依照管理外匯條例處罰者，可同意其更改。

4. 民眾剩餘外匯之規定：經自行提用、購入及結匯之外匯，若有剩餘外匯，應依照央行規定，存入或售還央行或指定銀行。

5. 申報義務人利用網路辦理結匯申報前，應親赴銀行櫃台申請並辦理。申報義務人透過網際網路辦理台幣結匯時，**經查獲有申報不實情形，日後辦理台幣結匯申報事宜，應至銀行櫃檯辦理**。

6. 台幣投資型保險之結匯處理，應依照外匯收支或申報辦法處理。

7. 保險業辦理外匯業務應確實向銀行業辦理結匯，並留存結匯資料以供查核。

8. 銀行業對於申報義務人以電子訊息所為之文件紀錄，至少需要保存5年。

小叮嚀：

1.外匯收支或交易申報辦法為管理外匯條例之子法，相關罰則明訂於母法(管理外匯條例)，而非子法(外匯收支或交易申報辦法)。

2.銀行業對於申報義務人以電子訊息所為之外匯申報紀錄資訊或臨櫃辦理結匯申報之文件，皆須保存5年。

牛刀小試：

1. 壽險公司資金投資於國外資產證券化商品，其投資總額不得超過壽險公司已核准國外投資額度的多少比例？

   A.40%

   B.20%

   C.10%

   D.5%

   答案：B

2. 壽險業得投資國外表彰基金之有價證券，包含那些範圍：

   A.不動產抵押貸款債券

   B.不動產資產信託基金

   C.資產基礎證券

   D.ETF

   E.對沖基金

   F.私募基金

答案：D、E、F

3. 壽險公司投資於國外股權憑證之有價證券總額，不得超過多少？

A.核定國外投資總額之40%

B.核定國外投資總額之20%

C.業主權益之40%

D.業主權益之20%

答案：A

4. 關於壽險公司投資於大陸地區不動產之資格限制，下列何者為非？

A.出租率達60%

B.最近一期RBC達150%

C.最近二年國外投資未受主管機關依法重大處分

D.投資總額不得超過業主權益之20%

答案：B、D

5. 目前央行對於涉及新台幣兌換之外幣資金進出管制為何？

A.商品與勞務交易之資金進出完全自由

B.經主管機關核准之直接投資及證券投資進出完全自由

C.勞務交易完全自由，商品交易受管制

D.商品交易完全自由，勞務交易受管制
答案： A、B

6. 申報義務人對於銀行業製發之交易憑證內容，如有錯誤或不符，應於製發之日起幾個營業日內，請銀行業向央行申請更正？
A.3日內
B.7日內
C.60日內
D.30日內
答案：B

7. 保險業辦理外匯業務，若有以下何種情事者，中央銀行可廢止或撤銷許可外匯業務之一部或全部？
A.停業、解散或破產
B.有礙業務健全經營或未能符合金融政策
C.原申請事項有虛偽情事且情節重大
D.違反保險法規定，遭罰鍰逾三百萬元
答案：A、B、C

8. 壽險公司申請辦理外幣傳統型保單業務，須符合之資格條件中，哪一項不符合規定？
A.自有資本與風險資本比率180%

B.最近一年遭主管機關罰鍰累積達350萬

C.國外投資部分採用風險值評估風險，並每月至少控管
　乙次

D.每月進行回溯測試

答案：A、B、C

　　幼稚園小班的美美有天跟奶奶說，我有男朋友喔！而且有人追我喔！

　　讓奶奶嚇了一大跳，一直說那麼小不能交男朋友，不可以這樣。還好，爸爸補充了一句，她班上的男同學就是男朋友啊！運動會時她跑第一個，所以有許多男同學追她。奶奶才鬆了一口氣。

　　小胖有一次到診所看病，等候看診時，坐在旁邊的小米問到，你住哪？小胖回答佳里。小米說我問的是地址？後來才知道原來小胖家真的在佳里。

第二篇

實 戰 篇

第一章 考試要點精華

一、商品規範

1. 年金保險分類：

    (1)年金保險依照繳納保費方式分類，可分為躉繳保費與分期繳費年金保險。

    (2)年金保險依照年金領取人或被保險人人數分類，可分為個人年金保險、連生年金保險(多數受領人年金保險)與團體年金保險。

2. 個人壽險分類：依照保險事故分類，可分為生死合險、死亡保險與生存保險。

3. 依據新型態保險商品之認定標準，以下商品須採核准制送審：

    (1)各公司第一張非約定以新台幣為收付幣別之傳統型保險商品。

    (2)各公司第一張以人民幣為收付幣別之傳統型保險商品。

    (3)各公司第一張非約定以新台幣為收付幣別之投資型保險商品。

    (4)殘廢程度與保險金給付表未依示範內容規範辦理。

    (5)各公司第一張優體件。

    (6)各公司第一張弱體件。

    (7)財產保險業各公司第一張健康保險商品。

(8)有保險金給付選擇權。

(9)各公司第一張由保險人全權決定運用標的之投資型保險商品。

(10)各公司第一張微型保險商品。

(11)勞工退休金條例之企業年金保險。

(12)應提存保證給付責任準備金之投資型保險。

4. 自101年7月1日起計提壽險責任準備金之生命表以「台灣壽險業第五回經驗生命表」為基礎。

5. 保險業於營業年度屆滿時，**應分別依保險種類，計算其應提存之各種責任準備金**，記載於特設之帳簿。

6. 外幣保險商品開放沿革

(1)94年6月開放外幣投資型保險商品上市。

(2)**94年11月主管機關開放以外幣收付之投資型保單放款業務。**

(3)96年3月央行同意開放外幣非投資型(傳統型)保險業務(含外幣保單放款)。

(4)96年4月央行公佈保險業辦理外匯業務管理辦法。

(5)96年8月金管會保險局公佈人身保險業辦理以外幣收付之非投資型人身保險業務應具備資格條件及注意事項。

(6)97年美元傳統保單正式上市。

(7)98年公佈規範並開放澳幣與歐元傳統保單業務。

(8)102年2月人民幣計價投資型保單上市。

(9)102年12月公佈規範並開放人民幣傳統保單業務。

7. 關於風險值評估風險關鍵字(保險業申請辦理外幣傳統保單業務應符合之資格條件)

(1)每週控管、樣本資料每週更新

(2)樣本期：週三、日一(按週為基礎、樣本期間至少三年；按日為基礎、樣本期間至少一年)

(3)計算10天的風險值

(4)每月作回溯測試(Back Testing)

8. 客戶適合度調查應遵循精算學會所訂外幣保險商品精算實務處理準則及人壽保險商業同業公會所訂客戶適合度規範。

9. 保險業應將匯率風險及外匯相關法規納入對保險業務員之教育訓練制度。

10.內部控制與內部稽核

(1)自行查核：行政及業務等單位按月辦理。

(2)專案查核：稽核部室執行，每季辦理；查核結果需要2個月內送保險局備查。

二、外幣投資型保單規範

1.投資型保單身故給付與保單帳戶價值比例：

(1)40歲以下：130%

(2)41~70歲：115%

(3)71歲以上：101%

2. 主管機關規範外幣投資型保險保險人與要保人得約定保險費、保險給付、費用及其他款項收付之幣別，但台幣與外幣不得相互轉換。

3. 投資型保單連結基金須為**主管機關核准或申報生效得募集發行或銷售的基金**。

4. 專設帳簿資產應依保險契約約定評價日之市價評價。

5. 保險人應將專設帳簿之資產交由A-級以上之保管機構保管，若有變更，應該在15工作日內向主管機關申報。

6. 連結結構型商品之規範

(1)封閉結構型商品：

a.到期保本率至少為計價本金的100%。

b.不得含有目標贖回設計，且不得含有發行機構提前贖回之選擇權。

(2)開放式結構型商品之動態保本率需達計價貨幣本金之80%以上。

(3)投資型保險連結結構型商品之計價幣別，包含以下：美元、加幣、英鎊、歐元、澳幣、紐幣、日圓、港幣與新幣等。

(4)債券或國內結構型商品之發行機構或保證機構之長期債務信用評等，如遭調降至twBBB+以下(含)時，保險人應於3日內通知要保人。

7. 一般投資型商品不得連結之標的內容：

(1)連結外匯與利率指標

(2)私募基金或證券

(3)特定ETF(槓桿或放空等)

(4)特定指數型基金：追蹤指數逾越主管機關允許範圍

(5)特定基金：非為主管機關核准或申報生效之基金

(6)台灣存託憑證

(7)對沖或避險基金

(8)其他主管機關限制

8. 投資型保險之連結標的與保管機構之信評要求：

標的	信用評等
美國聯邦國民抵押貸款協會、住宅抵押貸款公司等	AAA級以上
國內發行(金融債券、公司債、浮動利率中期債券、結構型商品)	國內發行：AA級以上
國內外公債、國庫券	國家主權評等A級以上
國外發行(金融債券、公司債、浮動利率中期債券)	國外機構發行：A-級以上
國內外保管機構	A-以上

9. 一般投資型保險與全委投資型保險之特定連結標的比較

標的 /商品別	一般投資型保險	全委投資型保險
放款、不動產投資、未上市股票、避險基金(對沖基金)或私募基金(證券)	X	X
台灣存託憑證	X	○
結構型債券	○	X
信用交易	—	X

10. 保險人全權決定運用之投資型保險(保險人全委代操)，不得有以下情況：

(1)放款

(2)與其他專設帳簿交易

(3)投資於保險人發行之股票或公司債(或有利害關係的有價證券)

(4)投資於私募有價證券

(5)從事證券信用交易(融資、融券業務)

(6)出借或借入有價證券

三、保險業資金運用規範

1. 可投資國外投資項目：存款、有價證券、人身保險保單放款(央行核准)、衍生性金融商品、不動產、保險相關事業、行政院核定之重大投資案與其他核准項目。

不含：一般放款、專案運用、公共及社會福利事業投

123

資。

2. 壽險業辦理國外投資，可在國外投資限制內，透過以
   下方式匯出資金：
   (1)利用壽險公司每年5,000萬美元累積結匯金額。
   (2)透過金融機構特定金錢信託投資國外。
   (3)向中央銀行專案申請核准後，自行投資國外。

3. 投資政策至少每年應重新依照資產與負債關係、風險
   承受程度、<u>長期風險報酬要求</u>、流動性與清償能力狀
   況檢討1次，並報經董事會通過。

4. 國外投資之外國銀行範圍：指<u>全世界銀行資本或資產
   排名居前500名</u>以內或在中華民國境內設有分行之外
   國銀行。

5. 保險業在實際匯出外幣或以外幣購買國外投資標的之
   時點，皆為國外投資總額之衡量日。

6. 保險業國外投資限制摘要表

標的	比率限制	信評或其他限制
外滙存款	● 每一銀行存款≦可運用資金之3%	外國銀行須為全球資本或資產前500大或境內設有分行
國外政府公債	● 每一標的≦可運用資金之5%	AA-級以上
國際組織債券	● 每一標的≦可運用資金之5%	A-級以上

標的	比率限制	信評或其他限制
資產證券化商品	• 總額≦保險業核定之國外投資額度的20% • 每一標的投資金額≦可運用資金1%	A-級以上
商業本票	• 每一標的≦可運用資金之5% • 每一標的≦發行公司股東權益之10%	BBB+級以上
國外證券市場之股權或債券憑證(股票、首次募集股票、公司債、存託憑證、可轉換公司債等)	• 每一標的≦可運用資金之5% • 每一標的≦發行公司股東權益之10% • 保險業投資於國外信用評等機構評定為BBB級、BBB-或BB+級的每一公司發行或保證之公司債,不得超過保險業業主權益金額之10%。 • 保險業投資於國外信用評等機構評定為BB+級的公司債總額,不得超過保險業核定國外投資額度之2%。 • 保險業投資於國外信用評等機構評定為BB+級~BBB+級之公司債總額,不得超過Max(核定國外投資額度×12%,業主權益×60%) • 總額:保險業投資於國外股票、存託憑證或可轉換公司債之總額,不得超過**核定國外投資總額之40%**。	公司債: BBB+~BB+級以上
基金相關(證券投資基金、指數型基金、	• 每一標的≦可運用資金之5% • 每一標的≦該基金已發行總額之10%	-

標的	比率限制	信評或其他限制
ETF、不動產信託基金、對沖、私募基金等)	● 投資總額不得超過核定國外投資總額之40%	-
對沖基金與私募基金	● 單一對沖基金投資總額超過可運用資金之萬分之五，需經董事會核准，金額不足1億台幣，以1億台幣計算。 ● 每一標的≦該基金已發行總額之10% ● 投資總額≦2%	● 對沖基金：公司需在經濟合作發展組織國家註冊、管理經驗2年以上、資產不得低於2億美元。 ● 私募基金：公司需在經濟合作發展組織國家註冊、管理經驗5年以上、資產不得低於5億美元。
大陸地區或國外不動產	● 需即時利用並有收益 ● 投資總額≦業主權益之10%	● 不動產投資之出租率達60%並符合當地經濟環境之投資報酬率。
大陸地區有價證券	● 公債及國庫券：不得超過該保險業核定國外投資額度之5%。 ● 證券投資基金及指數股票型基金(ETF)：不得超過核定國外投資額度之1%及該基金已發行總額之10%。 ● 投資於同一公司所發行之有價證券投資總額，不得超過核定國外投資額度之1%及發行公司股東權益之10%。 ● 投資總額不得超過核定國外投資總額之10%	● 公司債及金融債券：公司債發行公司或保證公司之信用評等等級須為A-級以上。 ● 若投資後最近一期RBC比率未達200%，其投資總額不得超過核定國外投資額度之5%。

7. 保險業提高國外投資額度之資格限制

(1)保險業申請提高國外投資總額40%者，不應被罰100萬以上。

(2)依保險業資訊揭露規範：保險業之資金運用情形應每季更新一次。

(3)提高國外投資總額至35%，**未要求董事會每年訂定風險限額**，僅要求國外投資採取風險值評估風險、國外投資已建置模型分析風險、設風險管理委員會、近2年未受處分。

(4)提高國外投資總額超過35%之資格要求包含：最近一期RBC 250%或AA-且近2年未受懲罰與董事會訂定風險限額等。

(5)提高國外投資總額超過40%之資格要求包含：最近三年RBC 250%或AA+且近2年未受懲罰、建立內部風險模型等。

國外投資比率	保險業資格要求摘要
10%	● 已訂定國外投資相關交易處理程序及風險監控管理措施，並經董事會同意
25%	● 符合10%要求 ● 最近1年執行各種資金運用作業內部控制處理程序無重大缺失，或缺失事項已改正並經主管機關認可。 ● 經所屬簽證精算人員或外部投資機構評估辦理國外投資有利其經營。 ● 檢具含風險管理制度相關說明之完整投資手冊。

國外投資比率	保險業資格要求摘要
=30%	● 符合25%要求 ● 最近1年無受主管機關重大處分情事，或違反情事已改正並經主管機關認可。
=35%	● 符合30%要求 ● 國外投資分類為交易目的及備供出售之部位已採用計算風險值評估風險，並每週至少控管乙次。 ● 國外投資分類為無活絡市場及持有至到期日之部位，已建置適當模型分析、辨識或量化其相關風險，並至少每半年向董事會報告風險評估情形。 ● 最近2年無受主管機關罰鍰處分情事，或違反情事已改正並經主管機關認可。 ● 董事會下設風險管理委員會且於公司內部設風險管理部門及風控長。
>35%	● 符合35%要求 ● 取得國外投資總額提高至資金35%之核准已逾1年。 ● 由董事會每年訂定風險限額，並由風險管理委員會或風險控管部門定期控管。 ● 最近1期自有資本與風險資本之比率達250%以上或經國內外信用評等機構評定最近1年信用評等等級為<u>AA-級</u>或相當等級以上。
>40%	● 符合>35%要求 ● 最近<u>3年度</u>自有資本與風險資本之比率均達250%以上，或經國內外信用評等機構評定最近1年信用評等等級為AA+級或相當等級以上。 ● 設有內部風險模型以量化公司整體風險。 ● 當年度末取得其他提高國外投資總額核准。

8. 保險業經核定**國外投資額度達資金35%或國外投資金額達美金10億元以上者**，除經由金融機構辦理特定金錢信託投資國外之有價證券及國外表彰基金之有價證

券外，其國外投資有價證券應集中由保管機構負責保
管。

四、央行外匯管制與申報規範

1. 保險業申請許可辦理外匯業務，經審查有下列情形之
   一，央行得駁回其申請：

   (1)未由總機構或分支機構備文或未檢附規定書件向央
   　　行申請許可。

   (2)最近一年有違反辦法或其他外匯相關規定且情節重
   　　大，或經央行限期改正，屆期仍未改善。

   (3)其他事實足認為有礙業務健全經營或未能符合金融
   　　政策要求之虞者。

2. 保險業得辦理之外匯業務如下：

   (1)以外幣收付之人身保險業務。

   (2)以外幣收付之投資型年金保險，累積期間屆滿時轉
   　　換為一般帳簿之即期年金保險，約定以新台幣給付
   　　年金者。

   (3)外幣保單質押放款。

   (4)財富管理業務涉及外匯業務之經營者。

3. 每家保險業每年承作外幣非投資型保單放款總額以
   五千萬美元為限，未用罄之額度不得遞延至其後年度
   辦理。

4. 目前外匯管制，不涉及台幣兌換之外幣資金進出完全自由。

5. 目前外匯管制：涉及台幣兌換之外幣資金進出方面
   (1)商品及勞務交易之資金進出完全自由。
   (2)經主管機關核准之直接投資及證券投資進出完全自由。
   (3)公司行號及個人團體在每年累積結匯金額分別未達5千萬及5百萬美元，可直接向指定銀行辦理結匯。超過限額須經央行核准，才可向指定銀行辦理結匯。

6. 限額內可逕行辦理新台幣結匯：
   (1)公司、行號：每年累積結購或結售金額未超過**五千萬美元**之匯款
   (2)個人、團體：每年累積結購或結售金額未超過**五百萬美元**之匯款
   (3)非居住民(非居民)：每筆結購或結售金額未超過**十萬美元**之匯款

7. 單筆鉅額交易管理：經銀行確認文件後辦理結匯
   (1)公司行號每筆結匯金額達100萬美元之匯款
   (2)個人團體每筆結匯金額達50萬美元以上之匯款
   (3)核准直接投資及證券投資之匯款
   (4)涉及境外貨品或勞務之匯款
   (5)依央行規範文件供銀行業確認之匯款

8. 需經央行核准辦理結匯之外匯收支或交易：

(1)公司行號每年超過5千萬之匯款

(2)個人團體每年超過5百萬之匯款

(3)非居民每筆超過10萬美元之匯款

(4)未滿20歲之國民每筆結匯金額達台幣50萬元之匯款，須由銀行業者向央行申請核准後，才能辦理結匯。

9. 行政院金管會會同央行報請行政院核定後，可對於危害國際安全之國家、地區或恐怖組織相關之個人、法人、團體、機構，對於其在帳戶、匯款、通貨或其他支付工具，做出禁止提款、轉帳、付款、交付、轉讓或其他必要處置，金管會應於公告後10日內送請立法院追認。

10.採取關閉外匯市場或限制外匯支付之措施：

遇有國內外經濟失調危及本國經濟穩定、國際收支嚴重逆差等情況時，應由行政院訂定外匯管制辦法，公告一定期間內，關閉外匯市場、停止或限制全部或部份外匯支付、命令將全部或部份外匯結售或存入指定銀行或為其他必要之處置。行政院決定後十日內須送立法院追認。若遇立法院休會期間，得延長為二十日內送立法院追認。

11.因應國際貿易發生長期順差、外匯存底鉅額累積或國際經濟重大變化，行政院得決定停止部分業務之開

放。

12.外匯管理與申報罰則

(1)故意違反關閉外匯市場、停止或限制全部或部份外匯支付措施，處台幣300萬以下之罰鍰。

(2)**故意不為申報外匯收支、申報不實或受查詢未於限期內提出說明或為虛偽說明者，處30,000~600,000以下罰鍰。**

(3)攜帶外匯超過限額或申報不實，超過部分沒收。

(4)**應申報而未申報，未將其外匯結售或存入中央銀行或指定銀行，處以按行為時匯率折算金額二倍以下罰鍰，並由央行追繳其外匯。**

(5)以非法買賣外匯為常業者，處3年以下有期徒刑、拘役或科或併科與營業總額等值以下之罰金，其外匯及價金沒收之。

13.申報義務人利用網路辦理結匯申報前，應親赴銀行櫃台申請並辦理。申報義務人透過網際網路辦理台幣結匯時，經查獲有申報不實情形，日後辦理台幣結匯申報事宜，應至銀行櫃檯辦理。

14.申報義務人非故意申報不實，已依規定懲罰或經舉證並檢具律師、會計師或銀行業出具證明，才可以更改申報書內容。

15.銀行業對於申報義務人以電子訊息所為之文件紀錄，至少需要保存5年。

第二章 模擬考題—商品相關

小叮嚀:
公會考試題型為單選題,本章之模擬考題為增強讀者記憶與增加題目難度,特別改為單複選混合題型,而且改以A、B、C、D、(E、F)作答,請留意。

1. 採核准制送審之新型態商品,需檢附那些商品文件呈保險局核准?

   A.商品之年齡、繳費年期、保額等假設與分析

   B.利潤衡量指標

   C.敏感度測試結果

   D.敏感度測試結果各項假設之趨勢分析與預測、假設合理性

   E.可接受之利潤、預期之利潤及損益兩平業務量

   答案:A、B、C、D、E

2. 人身保險業93年起新銷售之壽險商品,其計提責任準備金之生命表之規範為何?

   A.自行決定

   B.第三回經驗生命表

   C.第四回經驗生命表

   D.第五回經驗生命表

   答案:C

3. 人身保險業101年7月起新銷售之壽險商品，其計提責任
   準備金之生命表之規範為何？
   A.自行決定
   B.第三回經驗生命表
   C.第四回經驗生命表
   D.第五回經驗生命表
   答案：D

4. 依照萬能人壽保險死亡給付對於保單價值準備金比率之
   規範，被保險人年齡為35歲，請問其比率不得低於多
   少？
   A.155%
   B.130%
   C.112%
   D.122%
   答案：A

5. 下列哪一種商品屬於新型態壽險商品，須以核准制送
   審？
   A.各公司第一張微型保險商品
   B.各公司第一張外幣投資型年金保險
   C.各公司第一張由保險人全權決定運用標的之投資型保
     險

D.連結標的屬於新種財務工程或新型態標的

E.各公司第一張弱體保單

答案：A、B、C、E

6. 以外幣收付之投資型年金保險累積期屆滿轉換為一般帳簿之即期年金保險，得約定以新台幣給付年金，並由何人辦理結匯手續：

A.要保人

B.壽險公司

C.被保險人

D.保險經紀人

答案：B

7. 壽險公司銷售之投資型保險商品，若連結衍生性金融商品並涉及外匯業務，其投資標的內容不得涉及那些範圍？

A.本國貨幣市場之新台幣利率指標

B.本國貨幣市場之新台幣匯率指標

C.相關主管機關限制

D.美國貨幣市場之利率指標

答案：A、B、C

8. 保險人應定期對專設帳簿資產評價，並依照何種方式通

知要保人投資帳戶價值？

A.電子郵件

B.要保人指定之方式

C.壽險公司指定之方式

D.保險契約約定之方式

答案：D

9. 投資型保險商品所連結標的之發行或經理機構破產，保險人應基於何人之利益向該機構積極求償。

A.受益人

B.保險人

C.保險經紀人

D.要保人

答案：A、D

10. 保險人破產，受益人可請求之保險金額債權，以何種金額按訂約時之保險費率比例計算

A.責任準備金

B.保單價值準備金

C.解約金

D.累積所繳保費

答案：B

11. 再保險業者辦理外幣保單之再保險業務，屬於以下何項
    外匯業務：
    A.外幣收付人身保險業務
    B.其他經央行許可辦理之外匯業務
    C.以外幣保單為質之放款
    D.以外幣收付之投資型年金保險
    答案：B

12. 新型態壽險商品之風險控管說明書內容，須經那些人員
    共同簽署？
    A.投資人員
    B.風險控管人員
    C.稽核人員
    D.精算人員
    E.核保人員
    答案：A、B、D、E

13. 保戶繳納外幣保單保險費，若須以台幣兌換外幣，請
    問應由何人依照外匯收支或交易申報辦法向銀行業辦
    理？
    A.壽險公司
    B.壽險經紀人
    C.要保人

D.受益人

答案：C

14. 投資型保險之契約轉換，應訂立契約轉換及紛爭調處辦法並公告，如有收取轉換費用，保險人應如何通知保戶？

A.維持網站公告

B.可以在營業處所公告

C.應於受理契約轉換時通知

D.投保時通知

答案：C

15. 全委投資型保險人應如何計算每一營業日專設帳簿價值？

A.依照各保險商品之保單帳戶價值

B.依照不同投資標的之保單帳戶價值

C.依照不同公司別之保單帳戶價值

D.依照每一要保人之保單帳戶價值

答案：D

16. 外幣利率變動型壽險具有以下那些特色？

A.彈性繳費

B.費用明確揭露

C.依宣告利率與預定利率之差值計算利差回饋。

D.所繳保費扣除附加費用後，依宣告利率累積保單價值
準備金

答案：C

17. 投資型保險連結國外標的，不得以何種幣別計價？

A.人民幣

B.台幣

C.歐元

D.澳幣

答案：B

18. 投資型保險連結之結構型商品之發行機構之信用評等，
若被調降達哪一等級以下，保險人應於3日內通知要保
人。

A.BBB-

B.A-

C.BBB+

D.BBB

答案：C

19. 保險人應建立投資標的之哪一機構之信用風險評估與分
散機制？

A.發行機構

B.保證機構

C.保管機構

D.經理機構

答案：A、B、D

20. 全權委任決定運用之投資型保險，其連結標的範圍包括以下那些？

A.存託憑證

B.不動產資產信託受益證券

C.共同信託基金受益證券

D.資產基礎證券

E.衍生性金融商品

F.國外不動產

答案：A、B、C、D

21. 投資型保險商品連結之封閉型結構型商品，到期保本率至少須為計價貨幣本金之多少比例？

A.80%

B.85%

C.100%

D.70%

答案：C

22. 全委投資型保險商品之專設帳簿資產，應該如何保管？

A.依照保險商品別

B.依照險種別

C.依照投資標的別

D.依照年度別

答案：A

23. 國內結構型商品之發行機構或保證機構信用評等，若遭中華信評降評至twBBB+以下，保險人需於事證之日起多少日內通知要保人？

A.3日內

B.7日內

C.60日內

D.30日內

答案：A

24. 保險金額10萬元，台幣兌美元匯率為30，20年後身故給付身故保險金10萬元時，匯率為33，請問何者正確？

A.會產生匯兌利益30萬

B.會產生匯兌利益 5萬

C.會產生匯兌損失30萬

D.會產生匯兌損失 5萬

答案：A

25. 何種投資型保險，保險人得委任經營全權委託之投資事業代為運用與管理專設帳簿資產，該管理事業之選任，應依照委外代為資金管理處理程序及法令辦理？

A.一般投資型保險(非由保險人全權決定運用標的)

B.由保險人全權決定運用標的

C.投資型年金保險

D.投資型人壽保險

答案：A

26. 保險人銷售投資型保險商品，如連結衍生性商品涉及外匯，投資標的不得涉及以下範圍：

A.本國貨幣市場之台幣利率指標

B.本國貨幣市場之匯率指標

C.本國資本市場之匯率指標

D.外國貨幣市場之股價指數

答案：A、B

27. 人身保險業辦理外幣非投資型保險業務，應將何者列入業務員之教育訓練：

A.外匯相關法規

B.證券相關法規

C.匯率風險

D.商品適合度

答案：A、C

28. 下列何者並非澳幣收付之非投資型人身保險適合之銷售對象？

A.退休後前往澳洲居住

B.目前擁有澳幣存款

C.保險金受益人居住於美國

D.常購買海外基金

答案：C

29. 結構型債券商品發行機構或保證機構之長期債務信用評等，如遭信評機構調降為哪一等級(含)，壽險公司應於事發之日起3日內通知要保人。

A.A-(twn)

B.A+(twn)

C.BB+(twn)

D.BBB+(twn)

答案：D

30. 一般投資型保險商品連結之投資標的，以下哪一項為法

令所不允許之標的？

A.公司債

B.私募有價證券

C.存託憑證

D.結構型商品

答案：B、C

31. 委託保險人全權決定運用之投資型保險，其國外有價證券之運用範圍包含哪些？

A.對沖基金

B.避險基金

C.私募基金

D.股票

答案：D

32. 境外結構型商品之計價幣別，不包含哪一幣別？

A.瑞士法郎

B.印尼盾

C.港幣

D.澳幣

答案：A、B

33. 投資型保險連結之結構型商品，不得連結於哪些標的？

A.國內有價證券

B.國外私募有價證券

C.新台幣利率指標

D.台股指數

答案：A、B、C、D

34. 投資型保險連結之結構型商品，不得連結至那些範圍？

A.國內有價證券

B.國外信用指標

C.大陸貨幣市場利率指標

D.大陸股價指數

E.台幣匯率指標

F.台幣利率指標

答案：A、C、D、E、F

35. 保險業銷售之投資型保險，其投資標的內容不得涉及哪一範圍：

A.利率指標

B.ETF(具放空效果)

C.匯率指標

D.存託憑證

答案：A、B、C、D

36. 投資型保險商品連結於ETF(指數股票型基金)，有何規範？

    A.可以投資債券與股票為主之ETF

    B.可以投資具放空效果之ETF

    C.可投資以利率為主之ETF

    D.可投資以匯率為主之ETF

    答案：A

37. 壽險業之投資型保險，不得連結那些範圍：

    A.國外公司債

    B.國外信用指標

    C.私募證券

    D.其他主管機關限制

    E.台幣匯率指標

    F.台幣利率指標

    答案：C、D、E、F

38. 保險業應訂立信用風險評估機制及分散原則，並應訂立哪些機構破產之緊急應變及追償作業程序？

    A.保管機構

    B.保證機構

    C.發行機構

    D.經理機構

答案：C、D

39. 依照保險法規定，投資型保險契約之投資資產，非各該
投資型保險之何人不得主張？
A.受益人
B.要保人
C.被保險人
D.保險經紀人
答案：A

40. 依照保險法規與自律規範，保險人對於投資型保險專設
帳簿資產之評價，應如何通知或計算資產價值？
A.保險契約約定
B.保險人指定
C.要保人指定
D.受益人指定
答案：A

41. 依照保險法規與自律規範，保險人對於外幣非投資型保
單之資產，應如何辦理？
A.專設帳簿
B.分離帳戶
C.資產區隔

D.外幣帳戶

答案：C

42. 由保險人全權決定運用之投資型保單，保險人應另依據
何種法規申請兼營全權委託投資業務？

A.信託法

B.證券投資信託及顧問法

C.證券交易法

D.銀行法

答案：B

43. 保險人破產時，受益人對於保險人得請求之保險金額債
權，以下何種正確？

A.以責任準備金按訂約時之保險費率比例計算

B.以責任準備金按繳費年度比例計算

C.以保單價值準備金按訂約時之保險費率比例計算

D.以保單價值準備金按繳費年度比例計算

答案：C

44. 投資型保險之保險人應基於何人之最大利益，且不得直
接或間接參與發行公司經營等情事？

A.保險人

B.受益人

C.被保險人

D.保戶

答案：D

45. 保險人接受要保人以保險契約委任全權決定投資者，不得投資於哪一標的？

A.外國銀行發行之浮動利率債券

B.私募基金

C.對沖基金

D.結構型債券

E.台灣存託憑證

答案：B、C、D

46. 投資型保險商品之保險人其管理運用專設帳簿資產，不得有何種情事？

A.將資產作為擔保之用

B.將資產借予他人

C.從事法令禁止項目

D.將資產售予他人

答案：A、B、C

47. 投資型保險人將一般帳戶資產轉入一般投資型保單專設帳簿作為設立之用，應以何種方式轉入？

A.現金

B.股票

C.存款

D.票券

答案：A

48. 投資型保險契約連結之投資標的，若發行或經理機構破產時，保險人應基於何人之利益向該破產機構追償？

A.受益人

B.要保人

C.保險人

D.保險經紀人

答案：A、B

49. 一般投資型保險連結之標的，不得投資於哪一個投資標的？

A.台灣存託憑證

B.結構型債券

C.金融債券

D.共同基金

答案：A

50. 一般投資型保險契約所提供連結標的，以下列哪些為

限？

A.公司債券

B.結構型商品

C.海外基金

D.台灣存託憑證

答案：A、B、C

51. 全權委託投資型保險契約所提供連結標的，以下列哪些
為限？

A.公司債券

B.對沖基金

C.避險基金

D.台灣存託憑證

E.衍生性金融商品

答案：A、D

52. 依照投資型壽險死亡給付對於保單價值準備金比率之
規範，被保險人年齡為35歲，請問其比率不得低於多
少？

A.155%

B.130%

C.115%

D.101%

答案：B

53. 美元傳統保單之新契約責任準備金提存利率，需依照主管機關的哪一個規範？

A.人身保險業澳幣外幣保單新契約責任準備金利率自動調整精算公式

B.人身保險業美元外幣保單新契約責任準備金利率自動調整精算公式

C.人身保險業歐元外幣保單新契約責任準備金利率自動調整精算公式

D.人身保險業新台幣保單新契約責任準備金利率自動調整精算公式

答案：B

54. 壽險業申辦外幣保單業務時，應檢附那些文件：

A.負責人簽署之法規遵循聲明書

B.金管會核准辦理文件

C.營業執照影本

D.重要事項告知書

答案：A、B、C、D

第三章 模擬考題—外匯規範與國外投資

> **小叮嚀：**
> 公會考試題型為單選題，本章之模擬考題為增強讀者記憶並增加難度，特別改為單複選混合題型，而且改以Ａ、Ｂ、Ｃ、Ｄ、(Ｅ、Ｆ、Ｇ)作答，請留意。

1. 管理外匯條例第一條明定，該條例制定目的包含哪幾項：
   A.穩定金融
   B.外匯管理
   C.經濟成長
   D.平衡國際收支
   答案：A、B、D

2. 外國保險業申請辦理外匯業務，應由何單位發文向央行提出申請？
   A.在台灣境內設立之分支機構
   B.區域總部
   C.總公司
   D.負責人
   答案：A

3. 國庫對外債務保證與管理是屬於哪一政府機關之職掌：

A.中央銀行

B.金管會

C.財政部

D.勞委會

答案：C

4. 保險業申請辦理外匯業務，有以下何種情形者，央行得駁回其申請：

A.最近一年違反外匯相關法規且情節重大

B.未由總機構或分支機構具文申請

C.最近一年被保險局罰鍰100萬元

D.其他有礙業務健全經營或未能符合金融政策要求。

答案：A、B、D

5. 故意違反關閉外匯市場、停止或限制全部或部份外匯支付措施，應處多少金額罰鍰。

A.3~60萬

B.300萬以下

C.行為時匯率折算金額二倍以下

D.3年以下有期徒刑並沒收價金

答案：B

6. 不將外匯結售或存入央行或指定銀行，有何處罰？

A.處以按行為時匯率折算金額2倍以下罰鍰

B.處以按行為時匯率折算金額1倍以下罰鍰

C.處3萬~60萬罰鍰

D.處300萬元罰鍰

答案：A

7. 銀行辦理外匯業務應具備之資格條件與規範，主要由何機構規定之？

A.勞委會會同中央銀行

B.金管會

C.中央銀行

D.財政部

答案：C

8. 保險業辦理各項外匯業務，有以下情形，央行得按情節輕重，廢止或撤銷許可外匯業務之一部或全部。

A.原申請文件有虛偽造假，情節重大

B.發給許可後，三個月仍未開辦

C.違反保險法規定且情節重大

D.違反所得稅法規定且情節重大

答案：A

9. 保險業辦理外匯業務應確實依收付之款項向哪一單位辦

理結匯，並將結匯資料留存以供查核？

A.中央銀行

B.郵局

C.金管會

D.銀行業

答案：D

10. 保險業辦理外幣保單業務，有何種情形者，央行可廢止或撤銷許可業務之一部或全部？

A.核准後六個月後未開辦者

B.違反保險法規情節重大

C.原申請事項有虛偽情事且情節重大

D.其他有礙業務健全經營之事實

答案：A、C、D

11. 外幣保單之保險給付，若須將外幣兌換為台幣，請問應由何人依照外匯收支或交易申報辦法向銀行業辦理？

A.壽險公司

B.壽險經紀人

C.要保人

D.受益人

答案：D

12. 下列何項之外匯收支或交易，申報義務人可以直接向銀行辦理台幣結匯？

A.公司出口貨品之匯款收入

B.個人每筆結匯金額超過50萬美元之匯款

C.行號每筆結匯金額超過100萬美元之匯款

D.公司全年累積超過5,000萬美元之匯款

答案：A

13. 保險業辦理以外幣收付之投資型保險業務，保險人主要應依哪一個規範辦理？

A.管理外匯條例

B.投資型保險投資管理辦法

C.保險業辦理國外投資管理辦法

D.保險業辦理外匯業務管理辦法

答案：B

14. 中央銀行於96年4月發佈哪一法規，供保險業辦理外匯業務遵循？

A.外匯業務或交易申報辦法

B.保險業辦理外匯業務管理辦法

C.銀行業辦理外匯業務管理辦法

D.人身保險業辦理以外幣收付之非投資型人身保險業務應具備資格條件及注意事項

答案：B

15. 保險業辦理外匯業務，若有以下何種情事者，中央銀行
   可廢止或撤銷許可外匯業務之一部或全部？
   A.停業、解散或破產
   B.有礙業務健全經營或未能符合金融政策
   C.原申請事項有虛偽情事且情節重大
   D.違反保險法規定，遭罰鍰逾三百萬元
   答案：A、B、C

16. 保險業辦理以外幣保單質押放款業務，需要哪些要求？
   A.國內保戶確有外幣需求
   B.國外保戶確有台幣需求
   C.外幣放款業務資金來源以保險業資金之35%為限
   D.外幣放款業務資金來源限以保險業用於國外投資之自
      有外幣資金
   答案：A、D

17. 目前央行對於涉及新台幣兌換之外幣資金進出管制為
   何？
   A.商品與勞務交易之資金進出完全自由
   B.經主管機關核准之直接投資及證券投資進出完全自由
   C.勞務交易完全自由，商品交易受管制

D.商品交易完全自由，勞務交易受管制

答案：A、B

18. 遇有國內外經濟失調、國際收支嚴重逆差等情況，行政院得公告一定期間內，採取關閉外匯市場、停止或限制外匯支付等必要處置。行政院應於決定後幾日內送立法院追認。

A.10日內

B.30日內

C.立法院休會期間，20日內

D.7日內

答案：A、C

19. 銀行受理壽險公司辦理要保人投資外國有價證券之結匯應確認之文件有哪些？

A.壽險業填報之申請書

B.要保人之結匯授權書

C.保戶與關係人清冊

D.要保人結匯清冊

答案：A、B、D

20. 申報義務人對於銀行業製發之交易憑證內容，如有錯誤或不符，應於製發之日起幾個營業日內，請銀行業向

央行申請更正？

A.3日內

B.7日內

C.60日內

D.30日內

答案：B

21. 透過網際網路申報外匯業務之年齡與身分限制為何？

A.外僑居留證期限一年以上，20歲

B.台灣地區居留證，20歲

C.國民身分證，18歲

D.外僑居留證期限二年以上，18歲

答案：A、B

22. 銀行受理壽險業者代要保人辦理結匯應確認那些文件：

A.保戶與關係人清冊

B.被保險人結匯清冊

C.要保人結匯清冊

D.要保人之結匯授權書

答案：C、D

23. 關於台灣現行之外匯自由化管理機制之規範，何者正確？

A.外幣進出完全自由

B.不涉及新台幣兌換之外幣進出完全自由

C.勞務與服務之進出，完全自由

D.涉及金融商品外匯業務，完全自由

答案：B

24. 壽險公司申請辦理外幣傳統型保單業務，須符合之資格
　　條件中，哪一項不符合規定？

A.自有資本與風險資本比率180%

B.最近一年遭主管機關罰鍰累積達350萬

C.國外投資部分採用風險值評估風險，並每月至少控管
　乙次

D.每月進行回溯測試

答案：A、B、C

25. 壽險業投資於對沖基金及私募股權基金，單一基金投資
　　總額超過保險業資金之多少以上，需要提報董事會通
　　過。

A.可運用資金之2%

B.可運用資金之5%

C.可運用資金萬分之五

D.可運用資金萬分之二

答案：C

26. 壽險業對於每一國際性組織發行之債券投資總額，不得超過保險業資金之多少％？

A.5%

B.10%

C.2%

D.15%

答案：A

27. 壽險業核定之國外投資額度達多少以上，除經由金融機構辦理金錢信託投資國外有價證券及國外基金等證券外，其國外投資有價證券應由保管機構保管。

A.資金之35%

B.資金之40%

C.國外投資金額達美金10億元

D.國外投資金額達美金100億元

答案：A、C

28. 保險業國外投資總額是否超限之衡量日，以何時點為衡量日？

A.財報結算日

B.實際簽約日

C.實際匯出外幣

D.以外幣購買國外投資標的

答案：C、D

29. 壽險業制定整體性投資政策至少每年應重新依照資產與
　　負債關係、風險承受程度、流動性、＿＿＿＿與清償能力
　　檢討一次，並報董事會通過。
　　A.長期風險報酬要求
　　B.中長期風險報酬要求
　　C.中期風險報酬要求
　　D.短中期風險報酬要求
　　答案：A

30. 稽核單位每季辦理專案查核時，其內控應包含哪兩大功
　　能？
　　A.內部勾稽
　　B.內部牽制
　　C.內部通報
　　D.自行查核
　　答案：A、B

31. 依照保險業資產管理自律規範，高階主管人員應隔多久
　　時間，依據業務與市場狀況，檢視內部作業程序之適
　　當性？
　　A.每季

B.每年

C.每半年

D.每二年

答案：B

32. 以下哪一個匯款，申報義務人填妥申報書後，可直接辦理台幣結匯？

A.公司及個人出口貨品或對非居住民提供勞務收入之匯款

B.經主管機關核准直接投資之匯款

C.個人每筆結匯金額達50萬美元之匯款

D.行號每筆結匯金額達100萬美元之匯款

答案：A

33. 保險業辦理國外投資之項目，包含哪些項目？

A.共同基金與海外不動產

B.外匯存款

C.衍生性金融商品

D.資產證券化商品

答案：A、B、C、D

34. 保險業可辦理國外投資之項目，不包含哪些項目？

A.台幣保單放款

B.一般放款

C.對沖基金

D.大陸不動產

答案：A、B

35. 保險業可辦理大陸有價證券投資項目，包含哪些項目？

A.大陸公債

B.大陸企業公司債

C.以獲利為目的之大陸衍生性金融商品投資

D.大陸ETF

答案：A、B、D

36. 保險業投資國外資產證券化商品有何限制？

A.信用評等等級須達A-級以上

B.對每一商品之投資金額，不得超過保險業資金之1%

C.信用評等等級須達BBB+級以上

D.對每一商品之投資金額，不得超過保險業資金之2%

答案：A、B

37. 保險業辦理特定目的不動產投資事業，指保險業經主管
機關核准多少比例之持有並專以投資國外或大陸地區
不動產為目的之事業。

A.100%

B.50%

C.75%

D.20%

答案：A

38. 保險業投資特定目的不動產投資事業之經營，應符合哪些要求？

A.該事業之業務範圍，以購買、持有、維護、管理、營運或處分不動產及不動產相關權利等為限

B.該事業不得對外借款、保證或提供他人擔保

C.該事業之資金用途限存放於金融機構且供支付業務相關費用

D.事業收入除預留必要資金外，應每年會計師簽證後6個月內匯回母公司

答案：A、B、C、D

39. 保險業訂定國外投資之風險管理制度應涵蓋國外投資相關風險類別之那些內容？

A.識別

B.監控

C.限額控管

D.報告

答案：A、B、C

40. 保險業訂定國外投資之投資風險監控管理措施，應涵蓋那些內容？

A.風險管理架構

B.風險管理政策

C.風險管理制度

D.風險管理方向

答案：A、B、C

41. 保險業訂定國外投資相關交易處理程序，應涵蓋那些內容？

A.書面報告製作

B.交付執行紀錄

C.整體性投資政策

D.檢討報告提交

答案：A、B、D

42. 保險業訂定國外投資相關交易處理程序，其相關文件至少保存幾年？

A.2年

B.5年

C.3年

D.6年

答案：B

43. 保險業申請提高國外投資總額至可運用資金之35%，需要符合以下那些規定？

    A.國外投資部分已採用風險值評估，且每週至少控管1次。

    B.最近半年自有資本與風險資本之比率達250%以上

    C.最近3年未受主管機關重大處分

    D.董事會設立風險管理委員會

    答案：A、D

44. 保險業投資於國外表彰基金之有價證券總額，不得超過核定國外投資總額之多少比例？

    A.50%

    B.40%

    C.30%

    D.20%

    答案：B

45. 保險業投資於信評等級BB+～BBB+級之國外公司債總額，不得超過多少比例？

    A.業主權益之40%

    B.核定國外投資總額之40%

    C.業主權益之60%

    D.國外投資額度之12%或業主權益之60%，二者之較大

值

答案：D

46. 保險業投資於國外股票、存託憑證、可轉換公司債等標
的之總額，不得超過多少比例？

A.業主權益之40%

B.核定國外投資總額之40%

C.業主權益之20%

D.核定國外投資總額之20%

答案：B

47. 保險業管理資產時，應分析資產與負債之那些關係？

A.資產之到期日、流動性

B.建立適當之現金流量預測模型

C.分析資產與負債之適當性

D.風險之辨識與報告

答案：A、B、C

48. 保險業已經董事會通過從事大陸地區投資相關交易處理
程序及監控管理措施，其資金得從事那些投資運用？

A.大陸公債

B.大陸公司債

C.大陸證券投資基金

D.大陸股票

E.大陸ETF

F.大陸地區國庫券

G.以上皆是

答案：G

49. 關於壽險公司從事特定目的不動產投資事業之經營，以下何項符合規定？

A.該事業業務範圍，包含購買、持有、借款與管理不動產

B.該事業業務範圍，包含購買、持有、營運與處分不動產相關權利

C.該事業業務範圍，包含買賣有價證券相關權利

D.該事業業務範圍，包含借貸財務與租賃財產等

答案：B

50. 依法規壽險業可辦理國外投資項目，不包含下列哪些項目？

A.配合政府政策之投資案

B.保單質押放款

C.一般放款

D.專案運用與公共投資

E.衍生性金融商品投資

答案：C、D

51. 壽險公司國外投資項目中之表彰基金之有價證券包含哪些項目：
    A.期貨基金
    B.私募基金
    C.不動產投資信託基金
    D.對沖基金
    E.商品基金
    答案：B、C、D、E

52. 壽險業資金投資於國際性組織發行之債券，其發行機構信用評等須達到哪一等級以上？
    A.AA級
    B.A級
    C.A-級
    D.AA-級
    答案：C

53. 壽險公司資金投資於國外資產證券化商品，其投資總額不得超過壽險公司已核准國外投資額度的多少比例？
    A.40%
    B.20%

C.10%

D.5%

答案：B

54. 壽險業得投資國外表彰基金之有價證券包含那些範圍：

A.不動產抵押貸款債券

B.不動產資產信託基金

C.資產基礎證券

D.ETF

E.對沖基金

F.私募基金

答案：D、E、F

55. 壽險公司投資於國外股權憑證之有價證券總額，不得超過多少？

A.核定國外投資總額之40%

B.核定國外投資總額之20%

C.業主權益之40%

D.業主權益之20%

答案：A

56. 關於壽險公司投資於大陸地區不動產之資格限制，下列何者為非？

A.出租率達60%

B.最近一期RBC達150%

C.最近二年國外投資未受主管機關依法重大處分

D.投資總額不得超過業主權益之20%

答案：B、D

有一對好朋友一起站在別人的轎車前面聊天，聊得太高興了，車主啟動汽車準備開動，她們還是一直聊天，完全沒有注意到車主要開車了，請猜一種飲料。

答案：Coffee。因為咖啡的英文是嘎逼，就是按喇叭的意義啊！

有一次，小陳在路邊被陌生人攔住，需要幫忙填寫問卷，小陳實在沒空，而且覺得對方沒有禮貌，一直糾纏不停，要求小陳不可以跑掉。聰明的小陳就說，沒問題，不過我在富樂保險公司服務，請你待會也幫我填個要保書，不可以跑掉喔！結果哪？陌生人馬上迅速逃跑。原來服務於保險公司有這個好處喔！

第三篇

活 用 篇

第一章 保險理財案例─商品相關

第一節 多元化保險理財案例

> 案例：劉先生是富樂文教公司的經理，工作了十五年後，也累積了一大筆錢，最近比較有空，想看看自己的儲蓄或投資規劃與配置是否適當？進一步做些調整！但讓他面臨一個難題，究竟存定存？還是買基金?或是買壽險?還是買年金險？

　　多元化個人理財工具競逐於金融保險市場，各種理財工具之功能各有不同，選擇何種金融工具或金融機構，端視理財需求而定。然而，保戶或投資者擁有多元化的理財需求，必須仰賴多種金融機構提供多元化金融保險服務，才能達成多元化理財目標。

　　民眾具有多元化投資理財需求，也確實需要多樣化的保障、儲蓄、投資或退休工具，才能滿足各式各樣的需求。深入剖析各項主要理財工具後，不難發現各理財工具各有其核心功能；如果忽略了商品或工具的核心功能，其實相當於客戶挑選錯誤的理財工具，也將造成後續的缺憾或問題。舉例而言，2年期儲蓄、金額為20萬元，民眾應該透過定期儲蓄存款而非活期存款或終身保險或躉繳儲蓄保險來儲蓄最佳，否則可能出現儲蓄收益率偏低或解約損失等問題。

　　相形之下，躉繳儲蓄型商品或共同基金，屬於中長期儲蓄投資工具，但不見得適合作為終身退休儲蓄投資工具，因為定期儲蓄存款、躉繳儲蓄型商品或基金等理財工具並未提供終身生存年金給付。

　　另外，相較之下，終身增額壽險雖有長期保障兼儲蓄功能，但仍未提供終身生存年金給付，因此其退休儲蓄功能當然較終身還本壽險商品差；但終身保障功能卻較終身還本壽險佳，二種商品之核心功能明顯不同。同時，由於終身還本壽險提供終身保障功能，因此儲蓄功能與金融理財功能較弱於利率變動型年金保險。

　　然而，單純透過利率變動型年金保險作為退休規劃理財工具自然不足，因為長期通貨膨脹侵蝕問題與長期儲蓄收益率受限，也需要考量。建議民眾可搭配變額年金保險，透過變額年金保險的多元化基金標的、定期定額投資與免費基金轉換等功能，強化長期投資報酬。

　　另外，外幣保單是以外幣收付的壽險或年金商品，外幣保單商品可以為利率變動型年金保險、變額年金保險、終身增額壽險、終身還本壽險、儲蓄保險、利率變動型壽險、萬能壽險與投資型壽險等諸多型式，理財特質與功能概似於台幣保單，主要差異為外幣保單必須承擔匯率風險，較適合目前已有外幣存款而且目前或未來擁有外幣需求之民眾。

商品別	特色或功能	適合需求
活期存款	● 利率低、動用方便 ● 無保障功能；無終身年金給付功能	短期資金停泊與日常交易需求。
定期或定期儲蓄存款	● 短中期儲蓄 (0.5~2年) ● 無保障功能；無終身年金給付功能	0.5~2年的短中期儲蓄需求。
銀行指定用途信託基金/共同基金	● 多檔基金標的可供選擇，可以單筆或定期定額投資。 ● 不同基金之風險與報酬率存有顯著落差。 ● 除銷售手續費與基金轉換手續費外；銀行通常需洽收管理費，例如：第2年起每年收0.2%。 ● 無保障與終身年金給付功能 ● 長期需留意費用侵蝕獲利 ● 基金商品較不適合作為短線進出之工具，否則投資風險或費用過高。	有短中期投資需求之客戶，諸如：0.5~5年投資。
股票	● 預期報酬率較高，但風險也較高。 ● 個股風險與報酬差異大，因此選股與買賣時機十分重要。 ● 股價受多元因素影響。	有短中期投資需求之客戶，諸如：0.5~5年投資。
躉繳儲蓄型商品(萬能保險、養老保險、利變壽險)	● 契約期間諸如6~10年。 ● 契約期間內具有保障功能；無終身年金給付功能。 ● 通常需要負擔解約費用與保費費用。 ● 儲蓄收益率略高於定期存款；但長期仍受通貨膨脹侵蝕。	6~10年單筆中高額儲蓄需求。
終身增額型壽險	● 具有終身保障與強迫儲蓄功能。 ● 無終身年金給付功能。	具有終身保障與定期儲蓄需求。

商品別	特色或功能	適合需求
	● 通常需要負擔解約費用；而且短期解約可能產生虧損。 ● 增額保障可降低通貨膨脹侵蝕。 ● 長期可持續累積保單價值準備金。	
終身還本型壽險(年年還本)	● 具有終身保障與強迫儲蓄功能。 ● 具有終身年金給付功能，但相對儲蓄收益率可能較低，因為提供終身保障耗費許多成本。 ● 通常需要負擔解約費用；而且短期解約將產生虧損。	終身保障與年金給付需求。
利率變動型即期年金	● 投保手續簡便、商品簡單。 ● 具有終身年金給付功能；適宜已累積或已領取高額退休金客戶。 ● 無終身保障功能。 ● 解約無法領回解約金；也無法辦理保單貸款。	● 中高額儲蓄 ● 適宜已累積或已領取高額退休金客戶。
利率變動型年金保險(遞延)	● 投保手續簡便、商品簡單。 ● 中長期宣告利率或儲蓄收益率常高於存款利率。 ● 具有終身生存年金功能，但無保障功能。 ● 具有提領與貸款功能，便於因應臨時資金需求。 ● 儲蓄收益率略高於定期存款；但長期仍受通貨膨脹侵蝕。	● 中高額儲蓄 ● 單筆或定期儲蓄或退休需求客戶。
變額年金保險(遞延)	● 單筆、定期定額或彈性投資。 ● 通常無終身壽險保障功能；具有終身年金給付功能。	● 適宜單筆、定期定額投資 ● 退休需求客戶。

商品別	特色或功能	適合需求
	● 需要負擔解約費用、保費費用或管理費用 ● 具有多元化基金標的供保戶選擇，保戶可搭配自身退休投資規劃需求，挑選標的配置。 ● 具有貸款與提領功能，但常需負擔相關費用。	

　　最後，建議劉先生先釐清自己或家庭的財務目標與資金需求？該筆資金預計用途？風險承擔能力？目前的保障是否足夠？短中期儲蓄是否足夠？劉先生確認理財目標與理財現況後，再進一步選擇適合的商品，這樣才能得到最妥適的理財規劃喔！

小叮嚀：

1. 活期存款：短期資金停泊與日常交易需求。
2. 定期或定期儲蓄存款：0.5~2年的短中期儲蓄需求。
3. 躉繳儲蓄型商品：6~10年單筆中高額儲蓄需求。
4. 終身增額型壽險：終身保障與定期儲蓄需求。
5. 終身還本型壽險(年年還本)：終身保障與年金給付需求。
6. 利率變動型年金保險(遞延)：單筆或定期儲蓄與具有退休需求客戶。
7. 利率變動型即期年金：適宜已累積或已領取高額退休金客戶。
8. 變額年金保險(遞延)：適宜單筆或定期定額投資與具有退休需求客戶。
9. 股票與共同基金：有短中期投資需求之客戶，諸如：0.5~5年投資。
10. 外幣保單商品之理財特質與功能概似於台幣保單，主要差異為外幣保單必須承擔匯率風險。

第二節 儲蓄型保險與存款相輔相成

案例：辛苦了一年，黃小姐領到年終獎金了！到銀行刷存摺時，A理專推薦黃小姐投保利率變動型年金保險，年收益率也比較高，但儲蓄期間需要超過三年。同時到B銀行存錢時，B理專介紹利率變動型壽險，也說收益率比較高，究竟哪一個比較划算？真不知道到底該怎麼選擇？

　　壽險公司推出許多類似存款功能的儲蓄型保險商品，可以提供民眾儲蓄兼顧保障的理財需求。概念上，利率變動型年金商品類似一年定期存款或定期儲蓄存款加上終身生存年金保險保障，但民眾必須留意宣告利率隨市場狀況機動調整，而且通常在前幾年解約還需要負擔解約費用。相形之下，銀行定存通常只存放一年或二年，但利率變動型年金保險的持有期間更久，更可以作為退休後的活得愈久領得愈多的退休規劃商品。

　　另外，利率變動型壽險之宣告利率隨市場狀況機動調整，與利率變動型年金保險類似，概念上為利差回饋加上人壽保險保障。利率變動型壽險同樣有解約費用，而且解約費用期間較長，需要留意。就黃小姐為例，列舉銀行常賣的躉繳利率變動型年金保險、利率變動型壽險商品與定期存款如下：

項　目	內容摘要	注意事項
1.利率變動型年金保險(遞延)	● 宣告利率：1.7% ● 保費費用：0.5% ● 解約費用：前三年如下： 　1.5%/1%/0.5% ● 3年平均年收益率約1.5% ● 退休後可以每年領取年金給付	● 宣告利率非保證。 ● 前幾年解約需負擔解約費用。 ● 沒有壽險保障
2.利率變動型人壽保險	● 宣告利率：2.3% ● 每年計算增值回饋分享金 ● 7年平均年收益率約1.91% ● 壽險保障100萬 ● 保險期間七年	● 宣告利率非保證。 ● 前幾年解約，解約金常低於所繳保費。
3.銀行定期存款一年期	1.35%	適合一年期的短期儲蓄
4.銀行定期儲蓄存款二年期	1.4%	適合二年期的中期儲蓄

最後，假如黃小姐的獎金想要規劃作為退休儲蓄的用途，五年內不會動用，建議她可以考慮投保利率變動型年金保險。另外，如果黃小姐的目前保障不足，而且又有小孩教育基金儲蓄規劃，建議可以考慮利率變動型人壽保險。此外，如果黃小姐明年或後年就要動用這筆錢，建議她還是存在定存或定儲，若倉促投保保險，卻短期解約反而不划算喔！

小叮嚀：
1.若以退休規劃為理財目標且追求穩健儲蓄，可考慮投保利率變動型年金保險。
2.若保障不足且有小孩教育基金儲蓄需求又追求穩健儲蓄：可考

慮投保利率變動型人壽保險或萬能壽險。
3. 許多壽險公司推出外幣利率變動型年金保險與外幣利率變動型壽險，也是民眾可以考慮的儲蓄或退休規劃工具，但需要考慮匯率風險與外幣需求。
4. 如果明年或後年就要動用這筆錢，建議將資金存在銀行定存。

第三節 投資型保單與共同基金理財各有所長[22]

案例：王小姐最近定存到期，考量定存利率偏低，計畫想要投資基金！王小姐的朋友建議他投保外幣變額年金保險，可以投資基金！真是傷腦筋，到底要不要買，要買哪些基金標的啊！

不只銀行、投信與投顧銷售共同基金，壽險公司的投資型保險也透過人壽保險或年金保險連結共同基金標的方式，間接銷售共同基金。投資人透過投資型保險間接購買基金與直接向銀行購買基金，有何差異呢？其主要差別為投資型保險有壽險或年金保障，但直接投資共同基金，則沒有保障。另由於需求與定位不同，因此投資型保險費用結構、商品功能與標的內容也存在許多差異，民眾需要貨比三家！

另外，投資型保險的投資風險由民眾自行負擔，因此

---

[22] 參和樂新聞，年終獎金的另一個投資選擇 － 投資型保險

基金投資獲利沒有保證，有可能賠錢，也可能賺錢，看民眾選擇的標的而定！保戶投保變額年金保險與投資型壽險，由於需要負擔保費費用、解約費用與相關費用，因此很可能前幾年會賠錢，所以投資型保險不適合作為短期投資，只適合作為中長期投資或退休理財工具。

商　品	內　容　摘　要	注意事項
1.美元變額年金保險 首期保費3,000美元，未來每季彈性繳費1,000美元	● 保費費用：2.5% ● 解約費用：前4年如下： 　2%/1.5%/1%/0.5% ● 新興市場基金、股票型基金、債券型基金、平衡型基金與全委代操標的 ● 活得愈久領得愈多的年金給付	● 投資風險由客戶自行負擔。 ● 前幾年解約需負擔解約費用。 ● 沒有壽險保障。
2.台幣變額萬能壽險 月繳台幣保費6千元	● 保費費用：3.5% ● 解約費用：前7年如下： 　7%/6%/5%/4%/3%/2%/1% ● 擁有終身壽險保障 ● 新興市場基金、股票型基金、債券型基金、平衡型基金與全委代操標的	● 投資風險由客戶自行負擔。 ● 前幾年解約金常低於所繳保費。 ● 另有保障費用
3.銀行定期存款一年期(台幣)	10萬	一年期的短期儲蓄

最後，王小姐應該再次思考自己的理財目標與缺口，究竟這筆資金要作為退休基金？還是子女教育基金？還是保障用途？或是明年或後年就要動用？不同的理財目標與風險承擔，適合的理財工具就不同，退休工具也就不同喔！若王小姐以長期子女教育基金或自身退休需求為這筆

資金的理財目標，建議可以透過定期繳費方式，投資變額年金保險或投資型壽險；不過挑選投資標的時務必多留意，風險不要超過自己的承受能力。

> **小叮嚀：**
> 1.有退休金需求或長期儲蓄需求，可考慮投保變額年金保險。
> 2.具有子女教育基金需求且保障不足，可考慮投保變額萬能壽險。
> 3.明年或後年就要動用資金，建議存在銀行定存或定儲。
> 4.資產配置要涵蓋高風險等級、中風險等級與低風險等級標的，也要考慮存款與保險保障喔！
> 5.記得透過定期定額或定期彈性繳費模式分散風險。
> 6.建議別把共同基金作為短期投機操作，以免導致費用過高而且獲利縮減。

第四節　保險節稅法規須知

1. 遺產稅重要規範(依據遺產與贈與稅法)

    (1)遺產稅按被繼承人死亡時，其遺產總額減除各項扣除額及免稅額後之課稅遺產淨額，課徵百分之十。

    (2)約定於被繼承人死亡時，給付其所指定受益人之人壽保險金額、軍、公教人員、勞工或農民保險之保險金額，不計入遺產總額計算。

2. 贈與稅重要規範(依據遺產與贈與稅法)

(1)贈與稅按贈與人每年贈與總額減除扣除額及免稅額後之課稅贈與淨額，課徵百分之十。

(2)贈與稅納稅義務人，每年得自贈與總額中減除免稅額二百二十萬元。

(3)贈與稅之納稅義務人為贈與人。

(4)被繼承人死亡前二年內贈與配偶及相關繼承人之財產，應於被繼承人死亡時，視為被繼承人之遺產，併入其遺產總額。

3.個人綜合所得稅重要規範(依據所得稅法)

(1)納稅義務人、配偶或受扶養直系親屬之人身保險、勞工保險、國民年金保險及軍、公、教保險之保險費，每人每年扣除數額以不超過二萬四千元為限。但全民健康保險之保險費不受金額限制。

(2)人身保險、勞工保險及軍、公、教保險之保險給付，免納所得稅。

4.最低稅負制(依據所得稅基本稅額條例)

(1)**個人之基本稅額：基本所得額扣除新臺幣六百萬元後，按百分之二十計算之金額**。

(2)個人之基本所得額：依所得稅法規定計算之綜合所得淨額，加計下列各項金額後之合計數：

a.境外所得：未計入綜合所得總額之非中華民國來

源所得，但同一申報戶全年之境外所得合計數未達新臺幣一百萬元者，免予計入。

b.受益人與要保人非屬同一人之人壽保險及年金保險的保險給付；但死亡給付每一申報戶全年合計數在新臺幣三千萬元以下部分，免予計入。

c.私募證券投資信託基金受益憑證之交易所得。

d.依所得稅法或其他法律規定於申報綜合所得稅時減除之非現金捐贈金額。

e.法律新增之減免綜合所得稅之所得額或扣除額，經財政部公告者。

貼心小叮嚀[23]：

● 五月申報所得稅，記得善用每人每年保險費列舉扣除額二萬四千元與全民健保保費之足額扣除。

● 高齡、病危或重病時密集投保躉繳商品或鉅額投保，需依照實質課稅原則課稅；另外投資型保險與年金保險商品之稅惠偶有疑義，需要留意。

● 透過適當人身保險規劃，可以依照個人意願，規劃保障、財富移轉與儲蓄。

● 投保時，建議衡量自身理財目標、保費負擔與家庭收支需求，並考量商品收益率、可能風險與節稅限額規範。

[23] 參和樂新聞，節省稅金別忘了人身保險

第五節 保險節稅規劃案例：適用實質課稅原則

一、案例一

財政部國稅局日前審核遺產稅案件中發現，被繼承人於102年12月死亡，生前於101年12月及102年11月分別投保1筆投資型人壽保險，以其本人為要保人及被保險人，指定其子女或配偶為身故受益人，皆以躉繳方式繳納保險費共計5,500萬元，其保險金額計6,000萬元，因投保1年內即過世，疑有避稅動機。查核後發現被繼承人當時年齡為75歲而且罹患重病加護病房治療，為高齡重病帶病投保，顯然為規避遺產稅而透過該保險規避遺產稅，因此國稅局依實質課稅原則將2筆保險給付併入被繼承人遺產課徵遺產稅。

國稅局並提及遺產及贈與稅法第16條規定，指定受益人之人壽保險給付不計入遺產總額，其立法意旨是考量被繼承人需要保障並避免遺族生活陷於困境，因此提供免課徵遺產稅稅惠，與本個案情況顯存差異。國稅局提及如有鉅額投保、高齡投保、重病投保、短期密集投保、躉繳投保、舉債投保、保險費相當於保險給付等情況，將依照實質課稅原則，就該保險給付併課遺產稅。

資料來源：摘錄與修訂自高雄國稅局網頁新聞資料(102年)

案例二～五

案例	案例說明	案例特徵
2	被繼承人於102年12月死亡，生前於102年2月至6月間投保投資型人壽保險單3筆，以本人為要保人及被保險人，指定繼承人為身故受益人，以躉繳方式繳納保險費共850萬元，被繼承人投保時年齡70歲，其於投保前有失智及腦中風等病況。	1.高齡投保 2.帶病投保 3.躉繳投保 4.短期密集投保
3	被繼承人於101年6月死亡，生前於99年7月至8月間以其本人為要保人及被保險人投保傳統型人壽保險共5張保單，指定其子及媳婦為受益人，累積躉繳保險費2.2億元，投保時年齡80歲，其中25%保費資金向銀行貸款，投保時長期住院治療。	1.高齡投保 2.躉繳投保 3.所繳保險費相當於保險金額 4.高額投保 5.舉債投保 6.短期密集投保
4	被繼承人於101年6月死亡，生前於95年7月間以其名下土地向銀行抵押借款1.2億元，於95年7月投保即期年金保險與遞延年金保險12筆（被繼承人投保時72歲），以其本人為要保人及被保險人，指定其子女及孫等4人為身故受益人，躉繳保險費計1.5億。	1.躉繳投保 2.舉債投保 3.鉅額投保 4.高齡投保 5.所繳保險費相當於保險金額

案例	案例說明	案例特徵
5	被繼承人於101年4月死亡，生前於96年4月經診斷為惡性腦瘤，同年5月開始接受放射治療，當時年齡70歲。96年12月以其本人為要保人及被保險人，投保年金保險1張，躉繳保險費6.5百萬，並指定其子為身故年金受益人。	1.重病投保 2.躉繳投保 3.所繳保險費相當於保險金額 4.高齡投保

資料來源：摘錄與修訂自財政部(102年)，實務上死亡人壽保險金依實質課稅原則核課遺產稅案例及其參考特徵

小叮嚀：建議青壯年時期以分期繳終身壽險商品規劃節稅。

第六節 結合專業管理運用與保險保障：保險金信託

案例：洪小姐近來思考了既有的保障規畫後，考量子女年幼與父母老邁，擔心未來自己若罹癌或身故，他們的未來生活如何度過？詢問後朋友建議辦理保險金信託，透過信託提供子女分期給付與投資管理服務，以避免保險金運用不當或遭侵占的風險。

人壽保險是個人理財規劃的基石，具有保障、儲蓄、投資與節稅功能；但如果保險受益人為未成年子女、身心障礙或老年人等弱勢特定人，將因為保險金運用不當或保險金受侵占而削弱保險保障與理財的功能。

　　保險金信託之主要涵意：「保戶投保壽險後，預立保險金信託契約；若未來保險事故發生，壽險公司將保險金給付予銀行信託部，由銀行代為專業管理及運用保險金，並依照信託契約約定，定期給付資金予受益人」。所以，保險金信託藉由信託契約預先規劃保險給付之運用，確保壽險之保障及儲蓄投資功能得以持續發揮。

　　簡單來說，保險金信託是將保險給付結合信託，除了死亡保險金及全殘保險金可以辦理信託外；活著就可以領取的年金、生存保險金及滿期保險金也可以信託化；甚至較高額的殘廢、醫療或保單帳戶價值皆可信託化。

　　另外，依據信託委託人與受益人是否為同一人，可分為自益信託與他益信託；因此保險金信託化，可能是自益信託或他益信託，規劃時須留意所得稅與遺贈稅等稅賦問題。

壽險公司保險金信託業務模式

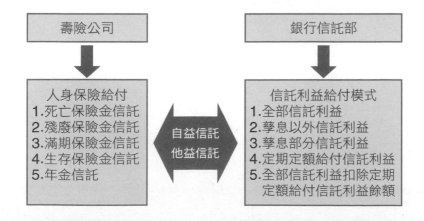

壽險公司 → 人身保險給付
1.死亡保險金信託
2.殘廢保險金信託
3.滿期保險金信託
4.生存保險金信託
5.年金信託

自益信託
他益信託

銀行信託部 → 信託利益給付模式
1.全部信託利益
2.孳息以外信託利益
3.孳息部分信託利益
4.定期定額給付信託利益
5.全部信託利益扣除定期定額給付信託利益餘額

保險金信託商品範例：

銀行	富樂銀行
壽險公司	富樂壽險公司
商品名稱	富樂安心保險金信託
商品架構	終身壽險+身故保險金信託
自益或他益信託	自益信託
信託種類	被保險人：父母 保險受益人：子女 信託委託人：子女 信託受益人：子女
信託資產配置	1.存款：新台幣活期性及定期性存款(20%~30%) 2.特定債券型基金、平衡型基金與股票型基金 (70%~80%)
信託利益分配	每月將信託收益與本金(10萬元)交付予受益人
契約存續期	20年期
費用	簽約手續費、修約手續費、信託管理費、解約手續費 與其他費用
備　註	信託金額下限：新台幣一百萬元

保險金信託之相關費用：

項目	內容
簽約手續費	2,000元(訂約時)
修約手續費	每次1,000元(契約生效前)

項目	內容							
信託管理費 （保險金轉入信託後）	0.5%（每月最低一千元）							
代墊手續費	基本放款利率+1%							
解約手續費 (遞減式手續費模式)	年度	0	1	2	3	4	5	5+
	%	5	4	3	2	1	0	0
其他費用	自信託財產扣除							

第二章 保險理財案例—退休規劃與行銷

第一節 退休規劃與退休金缺口計算案例(一)

> 案例：鄰居老友退休金不足，退休後每天還要去餐廳工作，讓劉媽媽開始擔心自己的退休生活！劉媽媽現年50歲，服務於民營企業，一個女兒才高三，若65歲退休時，勞保年資已經有30年，國保年資3年。另劉媽媽勞工退休金選擇新制，預估65歲時，個人帳戶餘額達350萬。預估退休後每月需要5萬元的生活費；請問劉媽媽退休時將有多少退休金缺口？

　　人口高齡化與少子化趨勢下，退休民眾想要仰賴兒女扶養其實蠻困難的。物價漲、薪水有限、開銷高且工時長，已經讓年輕人負擔很重。即將退休父母要提早規劃自己的退休金，才能獲得優質愉快的退休生活。

　　如何作退休規劃呢？簡單來說可分出三點：

(1)檢視與建構基礎保障與日常開支規劃

　　規劃退休理財前，必須先檢視與建構自身或家庭的日常開支與基礎壽險、產險、傷害與醫療保障；務必預留資金作為日常家庭基本開銷，諸如：日常食衣住行費用、子女教育費用與保費支出等項目。

(2)訂立與預估個人退休需求目標

　　預估自己的退休年齡、預估的投保薪資與預估每月

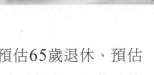

所需退休所得金額。劉媽媽預估65歲退休、預估退休前薪資約71,500元，同時預估自己退休時約需要每月50,000元的生活費，退休所得替代率約七成。

(3)計算出可領取或已投資的退休金

劉媽媽勞工保險平均投保薪資為40,000，預計勞工保險年資達30年。我們可進一步幫劉媽媽試算，每月可領取退休金金額約22,320元，再加上國民年金保險與勞工退休金月領年金，合計共可領約39,688元。

(4)計算出預估的退休保障缺口

所以未來每月的退休金缺口為50,000-39,688=10,312元。

項　目	退休金金額	每月退休金金額
期望的每月退休金	**70%替代率**	50,000
勞工保險每月退休金 (延後到65歲退休─增額年金)	(40,000 × 1.55% × 30) × 1.2 （平均投保薪資x替代率×年資)×(1＋4% × 5)	22,320
國民年金保險每月退休金	(17,280 × 1.3% × 3) （投保金額×替代率×年資)	674
勞退個人帳戶餘額	350萬*	16,694
每月退休金缺口小計		10,312

*上表勞退個人帳戶餘額350萬轉為月領年金，假設躉繳延壽年金保費為20萬、平均餘命為85歲，尚有20年期間計算，利率以2%計算。

(5)退休理財工具之挑選、配置與定期修訂

民眾可同時透過年金保險、儲蓄型保險、共同基金與信託商品等，為自己規劃退休金。劉媽媽還有15年可以投資，劉媽媽如透過年金保險投資或儲蓄退休金，可規劃如下表：

項　　目	儲蓄或投資金額	利率或投資報酬率假設	預估退休時每月可領退休金
利率變動型年金保險	600,000元（躉繳）	2.1%	4,145
變額年金保險(美元)	每年2,000美元	4.5%	6,200(台幣)

小叮嚀：

1.父母長輩提早規劃自己的退休金，才能獲得優質的退休生活。
2.提早透過定期定額或定期繳納保費方式規劃退休金，並留意風險分散與資產配置比率，很容易就滿足退休需求喔！
3.民眾可考慮以外幣利率變動型年金、外幣變額年金保險或外幣終身還本壽險累積退休金喔，但可別忘了匯率風險喔！

第二節 退休規劃與退休金缺口計算案例(二)

案例：小英今年45歲，單身，29歲進入一家外商公司上班，平均月薪為$60,000元，報酬率為2%。她應準備多少金額才能享有無憂無慮的退休生活呢？

● 預估60歲時勞退個人帳戶餘額245萬。

● 她希望60歲退休，並能保有至少75%的退休前薪資水準的生活，並預計其壽命為80歲。

● 小英目前已投資基金約80萬，預估60歲時可累積為144萬。

● 請問每月需要儲蓄或投資多少錢？(3%計算)

一、計算退休時可從政府與企業僱主所領取之退休金：

1. 勞保(一次或年金給付)

(1)退休時勞保年資31年，可領老年給付45基數。

(2)勞保最高投保薪資43,900元，預估可領勞保老年給付總額1,975,500元。

(3)勞保年金預估金額= 43,900×31×1.55%=21,094

(3)如何選擇？平均餘命長，選擇年金較划算，假設選年金21,094元。

2. 勞工退休金個人帳戶

(1)預估60歲累積帳戶餘額：245萬。

(2)轉化為月領年金：年金現值(月年金20年，2%)

245萬－20萬(蠆繳延壽年金保費)=225萬

月領年金現值=11,382元

3.假設無國民年金保險年資。

二、額外自行儲蓄金額：

1. 目前已有投資基金約80萬，預估60歲時可累積為144萬。

2. 轉化為月領年金：透過財務計算機求解後，可算出預估退休後每月可領7,285元。

三、退休時之生活費用總需求：

1.小英60歲退休時，預估其薪資將會每年 140萬元

(1)以現在月薪 \$60,000元，年薪 \$900,000元(3個月獎金)，每年3%的複利成長，期間15年。

(2)\$900,000 $\times 1.03^{15}$ = 140萬。

2.替代率75%之退休前薪資水準：

(1)每年生活費用為105萬元 (140 × 75% = 105萬)

(2)平均每月生活費用需求=87,500元

四、退休金缺口與平均儲蓄投資金額

1.退休金缺口= 87,500－32,476－7,285=47,739

2.預估每月需儲蓄或投資金額ＰＭＴ＝每月退休金缺口之年金現值（２０年期間）＝４７，７３９×

180.3109=8,607,862

3.小英60歲退休時，考慮利息下，需要準備8,607,862元，60歲~80歲才能每月有47,739元的退休所得。

4.小英45~60歲期間，每月需投資多少錢，60歲時才能有8,607,862元的退休金呢？只需要把一次退休金總額(終值)除上年金終值因子，再考慮利率與期數後，就可以算出每月投資金額。

※每月需投資金額=8,607,862 / 226.973=37,925元。

小叮嚀：

1.平均餘命長，選擇勞保年金較划算！

2.提早透過定期定額或定期繳納保費方式規劃退休金，並留意風險分散與定期資產配置比率，很容易就滿足退休需求喔！

3.可考慮以外幣利率變動型年金、外幣變額年金保險或外幣終身還本壽險累積退休金，但可別忘了匯率風險喔！

4.年金現值或終值可透過查表、計算機、公式或Excel計算喔，但需留意期初或期末年金有差別。

第三節 客戶分級服務與CRM行銷案例

> 案例：小英投入保險業務二個月了，已逐漸克服被拒絕與覿腆，勇於嘗試與開發客戶。由於害怕親友排斥與拒絕，因此小英前二個月都全力投入陌生客戶開發，但績效卻一直掛零，不知該怎麼辦？應該怎麼修正才對？

　　保險業務人員或理財專員銷售人身保險，確實非常辛苦！尤其初入社會的新鮮人，通常沒有足夠的客戶基礎，只有熱血與企圖心絕對不夠！開發新客戶確實非常重要，然而在成為客戶前，往往需要先認識與認同，客戶才會聽信保險理財建議，並簽下要保書及繳納保費，所以銷售流程非常需要時間的醞釀與發酵，絕無法速成。相形之下，由於既有緣故客戶，不論父母、親戚、同學、學長、學姐、學弟、學妹、同鄉、同事、社團同好、老師、鄰居、平常光顧的店家、醫院診所的醫護人員、打工過的公司或銀行既有客戶等，都是妳的潛在緣故客戶，千萬別忽略他們！

　　首先，針對既有緣故客戶應該依據關係親疏及貢獻度，區分出客戶分級：VIP客戶、中級客戶與一般客戶。VIP客戶需要提供多元化的貼心服務，而且不要開口閉口就是保險，服務範圍需要涵蓋保單健檢、理財健檢與資訊、股票與基金投資諮詢與叮嚀、匯率與利率提醒、保戶

服務與理賠協助、健康問候與提醒、退休與節稅規劃、企業保險與員工福利諮詢、三節禮品等多元化服務。中級客戶與一般客戶同樣需要提供貼心服務，只是受限時間有限與資源有限，並避免過度騷擾，因此聯繫頻率需要降低，服務範圍也需要縮減。中級客戶可提供投保保單服務諮詢、新商品資訊提供、健保、勞保、國民年金保險或產險諮詢、基金資訊與保服理賠協助等服務，大約每月關懷聯繫。最後，對於一般客戶之服務範圍最窄，提供壽險保單、健保、勞保、國民年金保險或產險諮詢，並每季定期問候拜訪與聯繫，以建立長期關係。

客戶分級	關係與聯繫	可考慮之服務範圍
VIP客戶 （每週關懷）	● 關係良好之既有客戶或高資產客戶，而且累積保費金額高 ● 經常聯繫、無所不談、無所不聊	提供保單健檢、理財健檢與資訊、股票與基金投資諮詢與叮嚀、匯率與利率提醒、保戶服務與理賠協助、企業保險與員工福利諮詢、健康問候與提醒、退休與節稅規劃、生日與三節送禮等多元化服務
中級客戶 （每月關懷）	既有客戶或已建立信任與關係的潛在客戶，例如：親友、好同學、好朋友或經常聯繫的親戚	可提供投保保單服務諮詢、新商品提供、健保、勞保、國民年金保險或產險諮詢、基金資訊與保服理賠協助等服務
一般客戶 （每季關懷）	陌生拜訪客戶、尚未成交的潛在客戶或關係普通、少有聯繫的同學親友等緣故客戶	接觸初期以閒聊為主，例如提供健保、勞保、國民年金保險或產險諮詢，可以每季問候或拜訪

同時，隨著職級晉升、保單成交件數增多及客戶數增

加，更需要系統化的客戶管理，才能作好貼心的客戶管理，為未來業務永續發展奠定良好基礎。同時，客戶管理系統內，需要更詳細的資訊，例如何時領取生存金、滿期金、醫療理賠、傷害理賠、定存何時到期、生日、職業、目前的基金獲利或虧損、是否有外幣需求、是否有貸款、客戶的家人資訊、客戶的理財偏好、客戶的家庭病史與客戶的朋友資訊等各面向，才能建立獨一無二的有用資訊喔！當然資料建立後，應該好好善用，多多善用事件式行銷(Event Marketing)，則成交機率增高且客戶滿意度當然更加提升，例如：生日、出國旅遊、小孩出生、領取滿期金或生存金與領取醫療或傷害等給付。

最後，提醒小英可以從客戶分級，貼心關懷緣故客戶開始，逐步建立客戶資料庫並依循客戶分級理念行銷，適度擴大服務或諮詢範圍，向業務發展邁出成功的一大步！另外，建議小英不要因為自己的佣金收入或手續費收入，而銷售不適合客戶的商品或欺瞞客戶，否則今日的業績可能導致未來的業障或損失，實在得不償失啊！

小叮嚀：

1. 千萬別忽略或放棄緣故客戶喔！應該針對既有緣故客戶依關係親疏、成交可能性、保費或資產規模，區分出客戶分級：VIP客戶、中級客戶與一般客戶。

2. 善用事件式行銷：生日、出國旅遊、小孩出生、領取滿期金或生存金與領取醫療或傷害等給付，則成交機率與客戶關係當然

更加提升喔！

3. 避免不當銷售：例如誇大或保證商品收益率、誇大稅惠效果、提供投資型保險或利率變動型商品收益率保證。

第四節 體驗行銷與顧問行銷分享

　　體驗行銷與顧問行銷已經是時代趨勢了，除了關懷客戶與洽談保險建議外，如何透過行銷技巧搭配行銷訴求，讓客戶的需求增強，感受更強烈，並立刻簽約成交，是非常重要的！除了口語上的解說與誘導外，體驗行銷或顧問行銷的效果更強喔！畢竟憑著三寸不爛之舌解說，效果還是有限，若客戶有真實體驗、感受或了解數據後，才更能接受保險理財。

> **小叮嚀：** We did, saw and felt so we learned.

一、體驗行銷

肢體動作或活動	體驗	適合的商品
杯子置於桌子邊緣，快掉下去了！	● 應該透過保險規劃，讓自己的生活更安心！ ● 不要有破碎的人生！	● 保障型商品
椅背搖晃，差點重心不穩！	● 應該透過保險規劃，讓自己的生活更安穩！ ● 身體也要定期健檢。	● 保障型商品
旅遊活動—雲霄飛車、衝浪活動	● 人生不要像搭乘雲霄飛車般，起伏過大，膽顫心驚！	● 儲蓄型商品 ● 投資型保險

肢體動作或活動	體驗	適合的商品
	● 投資要像搭乘雲霄飛車般，掌握完整波段，不要像自由落體般，直接落下，而放棄讓資產增值的機會！	● 基金 ● 股票
幼童理財活動─分享子女學會開源節流與儲蓄	● 你幫你的小朋友儲蓄了嗎？投資了嗎？父母如何幫助子女儲蓄投資與節流？	● 儲蓄型保險 ● 還本型保險 ● 投資型保險 ● 基金
新聞行銷：颱風、地震、土石流事件	● 真是可怕的意外！ ● 地震搖的好厲害！	投保地震保險、汽車保險、意外保險、終身壽險、醫療保險
新聞行銷：車禍事件、意外事件	● 真是可怕的意外！ ● 車子有買保險嗎？ ● 車子有買保險、人比車子更重要，一定要買足額的保險。 ● 萬一發生事故，家庭怎麼辦？	投保旅平險、汽車保險、意外保險、終身壽險與醫療保險
生活案例行銷	● 汽車都有防盜鎖、備胎、需要定期車檢與安檢，但妳/你有定期健檢與周全保障嗎？ ● 汽車都要保險了，但人卻沒有足夠保障？ ● 騎腳踏車或機車，一定要戴安全帽才安全，也才不會被罰錢，但你個人有安全防護罩嗎？	● 別忘了定期健康檢查 ● 投保醫療保險與傷害保險 ● 增加壽險保障、增加重大疾病或特定傷病保障

二、顧問行銷

數據或時事	訴求	適合的商品
癌症是十大死因之首你知道嗎？	● 每12分鐘就有1人死於癌症、癌症治療費用驚人？ ● 萬一發生在你或妳親人身上，怎麼辦？	● 重大疾病保險、終身防癌保險 ● 特定傷病保險、還本癌症險

數據或時事	訴求	適合的商品
全民健康保險不夠！	● 病房費差額單人房需要自己負擔2,500~4,500元！ ● 診斷關聯群(DRGs)實施 ● 全民健保許多項目不給付 ● 全民健保需要部分負擔	● 終身醫療保險、一年期醫療保險 ● 重大疾病或特定傷病保險 ● 長期看護保險
人口老化？退休金？醫療費？	● 102年7月底老年人口占率已達11.3%，持續攀升！ ● 102年7月底平均每戶人口數近2.8人，每個家庭生不到1個小孩，別指望小孩養你/養妳！ ● 勞工退休金與公務人員退休金、勞工保險退休金未來保費將提高，給付將縮減。	● 利率變動型年金保險、變額年金保險 ● 終身醫療保險、重大疾病保險與長期看護保險
投資虧錢？	● 需要設定停損點與停利點。 ● 重新調整自己的資產配置。 ● 不要將所有資金一起投入特定基金。 ● 透過資產配置穩紮穩打。 ● 不了解的標的不要買。 ● 你的風險承受度多高？	● 善用儲蓄型保險商品搭配資產配置，可以降低整體風險，並且可同時兼具保障與節稅。
要不要買某某股票？	● 不了解的標的不要買。 ● 不要將所有資金一起投入特定股票。 ● 你的風險承受度多高？ ● 透過資產配置穩紮穩打。 ● 就基本面、技術面與消息面而言，該股票可買進、賣出、觀望？ ● 購買基金或全委帳戶，透過專家理財較穩當。	● 善用儲蓄型保險商品搭配資產配置，可以降低整體風險，並且可同時兼具保障與節稅。 ● 長期可透過投資型保險與變額年金保險的連結標的投資。
有存款保險才放心	● 銀行資本或資產雄厚，都要存款保險了，更何況你(妳)個人？	● 保障型保險 ● 儲蓄型保險

*內政統計通報，2013年12月與十大死因與癌症統計，2013年12月

參考文獻

1. 方明川，商業年金保險概論，作者自行出版，2011年3月

2. 中壽、富邦、新光與國泰等壽險公司商品簡介、要保文件與條款，搜尋日期2013年1~9月

3. 內政部網頁，內政統計通報，2013年12月

4. 日盛金控，新金融商品：億萬理財自己來，宏典文化，2006年

5. 朱銘來、廖勇誠、王碧波等，人身保險經營實務與研究，白象文化，2011年11月

6. 保險事業發展中心與壽險公會，壽險業統計報表，1998~2013年

7. 宋明哲，現代風險管理，五南文化，2007年

8. 高雄國稅局網頁新聞資料，2013年

9. 財政部，實務上死亡人壽保險金依實質課稅原則核課遺產稅案例及其參考特徵，2013年2月

10. 壽險公會，人身保險業務員銷售外幣收付非投資型保險商品訓練教材，2012年

11. 壽險公會，壽險業務員登錄考試訓練教材，2012年

12. 壽險公會，投資型保險業務員登錄考試訓練教材，2012年

13. 壽險公會與保險局網站，壽險相關法規，搜尋日期2013年1~12月

14. 廖勇誠，輕鬆考證照：人身與財產風險管理概要與考題解析，鑫富樂文教，2013年1月

15. 廖勇誠，輕鬆學年金理財：個人年金保險商品實務與研究，鑫富樂文教，2012年9月

16. 廖勇誠，年終獎金的另一個選擇：投資型保險，和樂新聞，正因文化，2013年3月

17. 廖勇誠，節省稅金別忘了人身保險，和樂新聞，正因文化，2013年4月

18. 謝淑慧、黃美玲，社會保險，華立圖書公司，2012年9月

19. 衛生福利部網頁，十大死因與癌症統計，2013年12月

20. 謝劍平，投資學基本原理與實務，智勝文化，2013年2月

21. Kenneth Black, JR., Harold Skipper, JR.,Life Insurance, Prentice-Hall Inc, 1994

國家圖書館出版品預行編目(CIP)資料

輕鬆考證照：外幣保單與保險理財 / 廖勇誠著. -- 初版.
-- 臺中市：鑫富樂文教, 2014.01
面；　公分

ISBN 978-986-88679-4-9(平裝)

1.保險業 2.保險仲介人 3.考試指南

563.7　　　　　　　　　　　　102027553

輕鬆考證照
外幣保單與保險理財

作者：廖勇誠
編輯：鑫富樂文教事業有限公司編輯部
美術設計：楊易達

發行人：林淑鈺
出版發行：鑫富樂文教事業有限公司
地址：台中市南區南陽街77號1樓
電話：(04)2260-9293
傳真：(04)2260-7762
總經銷：紅螞蟻圖書有限公司
地址：114台北市內湖區舊宗路二段121巷19號
電話：(02)2795-3656
傳真：(02)2795-4100

2014年1月21日 初版一刷
定　價◎新台幣325元
（缺頁或破損的書，請寄回更換）